CONTES POPULAIRES PERSANS
DU KHORASSAN

I

TRAVAUX DE L'INSTITUT D'ÉTUDES IRANIENNES

1. E. BENVENISTE, *Titres et noms propres en iranien ancien*, 1966.
2. J. DE MENASCE, *Feux et fondations pieuses dans le droit sassanide*, 1964.
3. M. MOLÉ, *La légende de Zoroastre selon les textes pehlevis*, 1967.
4. C.-H. DE FOUCHÉCOUR, *La description de la nature dans la poésie lyrique persane du XIᵉ siècle. Inventaire et analyse des thèmes*, 1969.
5. J. DE MENASCE, *Le Troisième livre du Dēnkart, traduit du pehlevi*, 1973.
6. A. BOULVIN, *Contes populaires persans du Khorassan, I : Analyse thématique accompagnée de la traduction de trente-quatre contes*, 1975.
7. A. BOULVIN et E. CHOCOURZADEH, *Contes populaires persans du Khorassan, II : Trente-six contes traduits*, 1975.
8. J. BLAU, *Le kurde de 'Amādiya et de Djabal Sindjār. Analyse linguistique, textes folkloriques, glossaires*, 1975.

TRAVAUX DE L'INSTITUT D'ÉTUDES IRANIENNES
DE L'UNIVERSITÉ DE LA SORBONNE NOUVELLE

6

CONTES POPULAIRES PERSANS DU KHORASSAN

VOLUME I

ANALYSE THÉMATIQUE
ACCOMPAGNÉE DE LA TRADUCTION DE TRENTE-QUATRE CONTES

PAR

A. BOULVIN

*Ouvrage publié avec le concours
du Centre National de la Recherche Scientifique*

PARIS
LIBRAIRIE C. KLINCKSIECK
1975

ISBN 2-252-01778-3

A la mémoire de mon mari

INTRODUCTION

La récolte des contes populaires est peu abondante en Iran. La littérature orale et l'étude du folklore sont rarement appréciés à leur juste valeur. Le conte est souvent considéré comme un genre mineur, réservé à amuser les enfants et à distraire les gens simples. Le livre garde son prestige, il est réservé aux lettrés. Pourtant, l'étude des contes mérite un intérêt particulier car, aujourd'hui encore, leur transmission orale est très vivante; les sujets sont nombreux et variés.

Déjà en 1919, D. L. R. et E. O. Lorimer publient à Londres une traduction de contes populaires persans : «Persian Tales». Puis en 1923, lors d'un voyage en Iran, Henri Massé rassemble des informations sur le folklore; en 1925, il publie un recueil intitulé : «Contes en Persan Populaire». La même année paraissent les «Contes Persans en Langue Populaire» de A. Christensen.

Dès l'avènement de la dynastie Pahlavi, l'intérêt porté au folklore est encouragé. Le musée d'ethnographie de Téhéran est fondé en 1933; ensuite, le Ministère de la Culture et des Arts organise un département de folklore chargé de recueillir des documents, de rédiger des monographies et de publier une revue. En 1934, Sâdeq Hedâyat fait paraître, à Téhéran, une étude de folklore intitulée «Neiranguestân»; il est le premier écrivain qui exhorte ses compatriotes à s'intéresser aux traditions populaires de leur pays et à rassembler des documents. Kouhi Kermâni recueille quatorze contes qu'il publie à Téhéran en 1936; ils seront traduits par Henri Massé et paraissent à Paris, en 1938, dans le deuxième volume de ses «Croyances et Coutumes Persanes». M. Sobhi demande aux auditeurs de Radio-Téhéran de lui envoyer les versions de contes qu'ils connaissent et il en publie quatre volumes, destinés aux enfants, de 1945 à 1961. A.-Gh. Amini récolte trente contes de la région d'Ispahan et les publie en 1961. S. Kiâ fait paraître quatre contes dans les publications de l'administration du folklore à Téhéran. Plus récemment, les «Contes d'Azerbaïdjan» de S. Behrengui et B. Dehghani, les «Contes persans» de A. Endjavi et aussi le recueil de «Contes d'Echkevar-e-bâlâ» de K. Sâdât-e-Echkevari sont édités à Téhéran [1].

D'autres contes, publiés en traduction, complètent cette documentation. Nous citerons A. Christensen en 1958, L.-P. Elwell-Sutton en 1950 (retraduit en persan par A. Javaherkalam en 1962) et A. Mehdevi en 1966.

Les ouvrages de dialectologie de W. Ivanov, A. Christensen, R. Abrahamiân et D. L. R. Lorimer; les études de folklore de Djalâl Al-Ahmad,

---

[1] Les références et les analyses thématiques des contes de ces volumes ainsi que celles du catalogue du Département du Folklore ne sont pas notées dans cette étude.

Dj. Adibpour et E. Chocourzâdeh (cette dernière est particulièrement importante, elle a été publiée en 1346 (1968), sous l'égide de la Fondation de la Culture de l'Iran); les articles de S. Hedâyat, M. Sobhi, J.-P. Asmussen, F. Vahman et M. J. Mahjoub, parus dans des revues, contribuent à étudier les traditions populaires de l'Iran.

Une bibliographie des recueils de contes populaires persans, des études monographiques et des articles de revues, qui traitent du sujet, est insérée après cette introduction.

La liste des archives manuscrites du Département du Folklore, dépendant du Ministère de la Culture et des Arts, recense les vingt-huit contes consultés, au hasard, en 1967, parmi des documents qui n'étaient pas encore classés. Nous avons terminé, au mois de juin 1972, le classement des archives de ce service selon les types A-T et sous forme d'un catalogue qui contient les analyses de quatre-vingt-six versions.

La collection qui est à la base du présent ouvrage a été réunie, à Meched, au cours des années, de 1963 à 1969. Elle se compose de cent-trois contes qui se répartissent en quatre groupes, provenant de quatre sources différentes :

Meched I : groupe les contes recueillis par des étudiants de la Faculté des Lettres de Meched qui m'ont transmis des textes écrits. Les noms de leurs informateurs, classés selon l'ordre alphabétique, ainsi que le lieu de la récolte, indiqué entre parenthèses, figurent sur une liste.

Meched II : groupe les contes de Mochallâh Khânoum qui aime rassembler ses voisines pour les distraire. Cette fileuse de coton, pauvre, simple et illettrée, est venue chez nous. Au cours de plusieurs séances, elle a raconté treize histoires enregistrées sur bandes magnétiques. Très intimidée par le magnétophone, appareil inconnu, elle a néanmoins conté avec verve dans la langue populaire de Meched.

Meched III : groupe une partie des contes recueillis, depuis plus de vingt ans, par E. Chocourzadeh ; il a bien voulu mettre à notre disposition trente-huit contes recopiés et mis au net qu'il a choisis parmi les documents de ses archives.

Meched IV : groupe sept histoires racontées à l'occasion d'émissions folkloriques de Radio-Meched ; elles m'ont été communiquées par écrit.

De nos jours, la tradition orale est encore vivace dans le Khorassan, de même que dans tout l'Iran. Le caractère composite du folklore de Meched permet de considérer les cent-trois contes, que nous avons recueillis, comme un échantillon de ceux des autres régions. Henri Massé écrit : «On a justement remarqué le caractère composite du folklore de Meched, caractère dû aux apports des pèlerins venus de diverses régions»[1]. De tous temps, Meched a aussi été une étape sur la «Route de la Soie» et un lieu de transactions commerciales qui facilitèrent la pénétration et les

---

[1] MASSÉ H. : Croyances et Coutumes persanes. Paris, 1938. Préface, p. 15, n. 1.

échanges de contes. Le folklore est modelé par la situation géographique et par les civilisations qui se succèdent dans l'histoire. Les langues turque, kurde et arménienne, parlées en Iran, favorisent les échanges culturels avec les pays voisins. Terre intermédiaire entre l'Orient et l'Occident, l'Iran a donc, au cours de son histoire, été un carrefour de civilisations.

René Grousset écrit : « La richesse de la tradition iranienne a permis à celle-ci d'accueillir libéralement les influences les plus diverses sans jamais renoncer à elle-même. Influence hellénique, influence arabe, influence sino-mongole ont été tour à tour acceptées, assimilées, iranisées » [1].

Le répertoire des contes recueillis pour notre travail se compose essentiellement d'histoires racontées par des femmes. Des mères, des nourrices et des servantes, content pour distraire ou endormir les enfants. Des amies rassemblent leurs voisines, leur offrent du thé, des biscuits et des fruits, tout en écoutant les récits d'une conteuse. Distraction des villageoises et des femmes simples qui s'amusent ainsi et trouvent, en s'évadant dans un monde imaginaire, un remède aux difficultés de la vie de chaque jour. Différents genres sont abordés : contes d'animaux, contes anecdotiques, histoires de sots et de fous, mais surtout contes magiques. Des êtres surnaturels offrent les caractères traditionnels. Les fées sont bonnes ou méchantes. Les démons, à l'aspect effroyable, sont très sensibles au charme féminin et à la flatterie. Leurs attributs sont différents suivant les régions ; le « div blanc » du Mâzendérân est le plus connu, mais nous rencontrons aussi des génies et des oiseaux merveilleux.

Les procédés magiques qui utilisent des tapis volants, des coffres volants, des chevaux ailés ou pneumatiques, des oiseaux gigantesques, permettent de se déplacer sans difficulté. Grâce aux transformations magiques, l'homme peut se changer en animal ou en objet. Quand il en a le pouvoir, il peut aussi, suivant ses désirs, transformer les choses qui l'entourent.

Dieu, les Prophètes et les Saints Imâms shiîtes aident les croyants en faisant des miracles.

La philosophie soufie imprègne ces histoires. À chaque occasion, un derviche apporte au peuple l'exemple de la résignation et de la soumission au destin, que celui-ci soit bon ou qu'il soit mauvais.

Les contes à tiroirs ont un succès spécial, car ils permettent à la conteuse de soutenir l'attention pendant longtemps; leur structure complexe convient à l'esprit oriental. Suivant la fantaisie du jour, elle mélange, de façon différente, les types qui sont inclus dans le « récit-cadre ».

L'auditoire prend un plaisir particulier aux histoires du cycle de Châh Abbâs. Il retrouve avec joie le caractère populaire du grand roi safavide qui est bien connu de tous. Sa générosité pour son peuple, sa grandeur d'âme, son sentiment de la justice et le grand intérêt qu'il porte aux femmes, quand elles sont jeunes et belles, le rendent très sympathique. Dès le début

---

[1] GROUSSET R. : L'Âme de l'Iran. Paris, 1951, p. 9.

du conte, il revêt ses habits de derviche, remplit son « kachgoul » de riz, prend sa hache symbolique à la main et ainsi déguisé, il s'en va, incognito et à l'aventure, voir si son peuple n'est pas malheureux, afin de remédier à ses misères. L'auditoire est conquis et rassuré; il sait que le pauvre sera aidé et que le méchant sera châtié. L'intelligence et la générosité du grand roi ont contribué à lui créer une légende dorée, qui touche au surnaturel, et selon laquelle il était fort sage.

Les formules initiales, médianes et finales contribuent à laisser un certain doute dans l'esprit de l'auditeur. L'histoire est-elle vraie ou est-elle fausse? Le réel et l'irréel ne font qu'un. Le monde imaginaire côtoie le monde matériel et le pénètre à tel point que l'on ne peut discerner la frontière qui les sépare. Il s'impose avec une telle force qu'il prend le dessus et ainsi le rêve aide à oublier les chagrins de la vie.

Mais les répertoires des « naqqâls » et des « ghessè-gou », conteurs professionnels, nomades ou sédentaires, sont plus vastes. Ils abordent plutôt des récits épiques illustrés par les poètes ou par la littérature de colportage. Le conteur rassemble un auditoire masculin, aux carrefours, mais surtout dans les « tchâï-khânè »[1] ou cafés. La magnifique épopée de Ferdowsi qui reprend, dans les cinquante mille distiques du Châh-Nâmè (« Livre des Rois »), les légendes des héros pré-islamiques, est la plus célèbre. La littérature de colportage a diffusé les sujets transmis par la tradition orale. Les récits épiques en forment la base. Les plus connus sont : Eskandar-Nâmè (« Livre d'Alexandre »), Abou-Moslem Nâmè (« Livre d'Abou-Moslem »), Romouz-é Hamzè (« Secrets de Hamzè »), Sâm Nâmè (« Livre de Sâm ») et Samak-é-Ayyâr.

Le conteur apprend son métier auprès d'un maître qui lui enseigne la déclamation, en prenant comme base de son récit un manuscrit appelé « toumâr ». À la main, il tient une baguette qui sert à ponctuer ses phrases et à souligner ses gestes.

L'influence des œuvres populaires sur la littérature fut très importante en Iran. Ferdowsi ne fut pas le seul poète à s'inspirer de légendes et de mythes anciens. Les œuvres de Gorgâni, Anvari, Nezâmi, Saadi, Hâfez et Djâmi sont parsemées de contes et d'anecdotes. Mowlavi émaille de contes la poésie mystique de son « Masnavi ». Obeyd-é-Zâkâni présente son poème satirique « Souris et Chat » sous forme d'une fable dans laquelle les animaux s'expriment avec élégance. Les traductions persanes de textes pehlevis nous transmettent la tradition populaire de l'Inde dans les fables de « Kalilè et Demnè », les contes à tiroirs de « Sendabâd-Nâmè » et de « Touti-Nâmè », la légende de « Belouhar et Bouzâsaf », le roman de « Eskandar-Nâmè » et les anecdotes de « Khâdjè Nasreddin ». « Hezâr Afsânak », source pehlevie des contes arabes des « Mille et une Nuits » a été perdue; ce texte serait d'origine iranienne, car les noms propres des personnages sont persans et

---

[1] Tchâï-khânè : littéralement « maison de thé ».

il n'existe pas d'original sanscrit. Les contes des « Mille et un Jours » de Pétis de la Croix et les « Contes Persans » traduits par A. Bricteux sont aussi d'origine populaire, mais ils sont rédigés dans un style littéraire.

Par ces quelques exemples, nous voyons que certains thèmes populaires ont été fixés sous une forme littéraire, pour être à nouveau entraînés dans le courant de la transmission orale; d'autres ont été recueillis, par écrit, sous leur forme populaire; d'autres encore survivent, grâce à une transmission orale, toujours vivante.

Les apports de plusieurs époques se sont superposés et ont laissé une empreinte qui a été transmise dans le peuple par la tradition orale et aussi par les livres de colportage sous forme de récits épiques, romans de chevalerie, épopées romanesques, satires, théâtre religieux, récits merveilleux, contes, anecdotes, chansons et proverbes.

Le catalogue international « The Types of the Folktale », publié par Antti Aarne et Stith Thompson, établit les types des contes et relève toutes les versions connues. Cet important ouvrage permet aux folkloristes de réaliser des études comparatives et ainsi de mieux comprendre la migration des contes.

Nous avons voulu apporter notre contribution à ce vaste projet en soutenant une thèse sur les « Contes Populaires Persans du Khorassan » à la Sorbonne en juin 1970.

Ce volume comprend les analyses thématiques des cent-trois contes recueillis à Meched et classés selon le type établi par le catalogue Aarne-Thompson. Pour chaque type, la version qui se rapproche le plus de celle du conte-type analysé dans Aarne-Thompson, a été choisie comme version principale et porte la lettre « a ». Elle est analysée et décomposée en motifs.

Deux cent cinquante-deux versions publiées ont été recensées et comparées, elles sont indiquées avec leurs références sous celle de la version « a » au paragraphe « Versions ». Les références sont celles de la publication originale et non celles de la traduction, sauf pour le recueil d'Elwell-Sutton [1] dont je n'ai pas pu trouver l'original en anglais et dont j'ai lu la traduction en persan.

Dans le paragraphe « Variantes », les motifs des autres versions sont comparés avec ceux de la version « a » et les différences sont notées.

Le paragraphe « Remarques » mentionne le type du catalogue des « Contes Populaires Turcs » (TTV) d'Eberhard et Boratav, car les similitudes sont nombreuses entre les contes persans et les contes turcs. Les versions élargies, des comparaisons littéraires, les titres des versions, s'ils offrent un intérêt traditionnel, y sont indiqués.

---

[1] MASHDI GOLEEN KHANOM : *The Wonderful Sea-Horse and Other Persian Tales*. Translated by L.-P. ELWELL-SUTTON. London, Geoffrey Bles, 1950.

Certaines traductions des versions « a » sont publiées dans ce volume. D'autres traductions ont été exclues quand elles faisaient partie d'un conte complexe dont une autre variante était déjà traduite afin d'éviter les répétitions.

Ces traductions sont littérales et respectent le texte original, même s'il est incomplet ou mal rédigé. Les anachronismes ont été conservés. Les éléments modernes qui s'ajoutent aux éléments traditionnels prouvent que la tradition est vivace, qu'elle n'est pas « sclérosée ».

Les titres qui figurent au début des textes sont les traductions, en français, des titres persans de la version « a ». Si les conteurs les ont omis, nous avons choici un titre qui nous semblait conforme à l'histoire et nous l'avons placé entre crochets. La référence de la version « a » et celle du type A-T sont indiquées sous le titre.

Les formules initiales et finales qui se retrouvent souvent dans les contes sont traditionnelles et difficiles à traduire. Suivant les cas, elle augmentent l'impression d'irréalité ou bien laissent à l'auditeur un doute sur la véracité du récit ou encore lui souhaitent la réalisation de ses désirs.

Les mots gardés en persan dans le texte, sont traduits dans un glossaire à l'usage du lecteur non spécialisé ; cette liste est insérée à la fin du volume. Les mots persans sont transcrits selon les principes de l'orthographe française en respectant aussi fidèlement que possible la prononciation persane ; de même, pour les noms de lieux géographiques peu connus. Les noms de lieux géographiques connus sont orthographiés selon la transcription habituelle en français.

Les textes originaux en persan n'offrent pas d'intérêt linguistique. Ils ne sont pas insérés dans ce travail, dont le but est une étude de folklore, destinée à faciliter l'étude comparative des contes. À notre connaissance et à ce jour, aucune recherche systématique des contes populaires iraniens n'a été entreprise.

Je souhaite que ce travail qui utilise des matériaux recueillis en Iran et qui a été fait dans ce pays, contribue à apporter, au domaine de la littérature populaire, le rayonnement qu'elle mérite.

Par la publication d'un « Catalogue National des Contes Populaires », nous espérons que l'Iran prendra, un jour, la place de premier choix qui lui revient dans la chaîne internationale des contes populaires.

Je tiens à évoquer le souvenir du Professeur Henri Massé qui m'a guidée avec toute son érudition dans le domaine du folklore iranien qu'il a tant aimé. Avec émotion, je cite un extrait de la lettre qu'il m'écrivait le 7 novembre 1969 et qu'il tenait à la main au moment de son fatal accident : « Vous voulez bien me faire l'honneur de m'inviter à rédiger une préface : malgré que je sois plus amateur que spécialiste en folklore, je ne saurais me dérober à cet honneur et je vous promets de faire de mon mieux ... ».

Le destin ne lui a, malheureusement, pas permis de réaliser ce projet. Il était le maître de l'ouvrage et l'initiateur qui m'a incitée à commencer ce travail. Sans lui, je ne l'aurais pas entrepris.

Je suis très reconnaissante au Professeur G. Lazard qui a assuré la direction de ma thèse, ainsi qu'au Professeur P.-N. Boratav qui lui a apporté sa collaboration.

Je remercie le Professeur Gh.-H. Youssefi qui a dirigé mes recherches en Iran et m'a apporté de précieuses indications; le Professeur Dr. K. Ranke dont les suggestions m'ont permis de corriger le classement typologique; Madame M.-L. Ténèze qui m'a aidée de ses conseils judicieux; Monsieur E. Chocourzadeh dont l'inlassable collaboration permettra de publier dans un autre volume la documentation qu'il a mise à ma disposition [1]; Madame F. Ghorechi qui a lu et traduit les «Contes Persans» publiés en allemand par A. Christensen et qui m'a témoigné une constante amitié; le Professeur Gh.-A. Karimi qui a relu avec dévouement certaines traductions.

Je désire exprimer ma gratitude aux amis et étudiants de la Faculté des Lettres de Meched qui m'ont apporté leur aimable concours.

Bruxelles, mai 1974.   Adrienne BOULVIN.

[1] Contes Populaires Persans du Khorassan, II : Trente-six contes, traduits par A. Boulvin et E. Chocourzadeh, Paris 1975 (Travaux de l'Institut d'Études Iraniennes de l'Université de la Sorbonne Nouvelle, Tome 7).

BIBLIOGRAPHIE

1) Bibliographie et abréviations des ouvrages concernant le conte en général

a) Recueils et catalogues de contes folkloriques.

AARNE-THOMPSON, The types of the folk-tale, a classification and bibliography. Helsinki, 1961. — (TAT).

BOLTE J. et POLIVKA G., Anmerkungen zu den Kinder- und Hausmärchen der Brüder Grimm. Leipzig, 1913-1932. — (BP).

BORATAV P., Contes turcs. Paris, 1955.

CHAUVIN V., Bibliographie des ouvrages arabes. Liège, 1892-1922. — (BOA).

DELARUE P., Le conte populaire français. Paris, 1957. — (CPF I).

DELARUE P. et TENEZE M.-L., Le conte populaire français. Paris, 1963. — (CPF II).

DE MEYER M., Les contes populaires de la Flandre. Helsinki, 1921.

EBERHARD W. et BORATAV P., Typen türkischer Volksmärchen. Wiesbaden, 1953. — (TTV).

THOMPSON S., Motif-index of folk-literature. Copenhagen-Bloomington, 1955-1958.

THOMPSON S. et BALYS J., The oral tales of India. Bloomington, 1958.

b) Recueils de contes littéraires.

GALLAND A., Les mille et une nuits. Paris, 1965.

GAUDEFROY-DEMOMBYNES M., Les cent et une nuits. Paris, 1911.

c) Études sur les contes.

BORATAV P. N. Le « Tekerlémé », Cahiers de la Société Asiatique, XVII. Paris 1963.

COSQUIN E., Contes populaires de Lorraine, comparés avec les contes des autres provinces de France et des pays étrangers et précédés d'un essai sur l'origine et la propagation des contes populaires européens. Paris, 1886.

COSQUIN E., Études folkloriques — Recherches sur les migrations des contes populaires et leur point de départ. Paris, 1922.

CHRISTENSEN A., Motif et thème — Plan d'un dictionnaire des motifs et thèmes des contes populaires. Helsinki, 1925.

HUET G., Les contes populaires. Paris, 1923.

PINON R., Le conte merveilleux comme sujet d'études. Liège, 1955.

VAN GENNEP A., La formation des légendes. Paris, 1920.

VAN GENNEP A., Le Folklore — Croyances et coutumes populaires françaises. Paris, 1924.

2. Bibliographie des ouvrages concernant le conte persan.

a) Recueils de contes folkloriques.

ABRAHAMIAN R., Dialectes des Israélites de Hamadan et d'Ispahan et dialecte de Baba Tahir. Paris, 1936.

ADIBPOUR D.J., Rokhnâmè — Livre de Rokh. Téhéran, 1343/1965.

AL-AHMAD, Dj., Tâtnechinhâ-yé Boloukè-Zahrâ — Les populations Tât de Boloukè Zahrâ. Téhéran, 1957.

AMINI A.Gh., Si afsânè az afsânèhâ-yè mahalli-yé esfahân. 30 contes parmi les contes régionaux d'Isfahan. Isfahan, 1339/1961.

BEHRENGUI et DEHGHANI, Afsânèhâ-yé Âzerbâidjân — Contes d'Azerbaïdjan. Vol. 1 et 2. Téhéran, 1348/1970.

CHOCOURZADEH E., Aghâyed va rosoum-é âmè-yé mardom-é Khorâssân. Tehrân, 1346 — Croyances et coutumes populaires du Khorassan. Téhéran, 1968.

CHRISTENSEN A., Les dialectes d'Awromân et de Pâwa. København, 1921.

CHRISTENSEN A., Contes persans en langue populaire. Paris, 1925.

CHRISTENSEN A., Contributions à la dialectologie iranienne, 2 vol., København, 1930-1935.

CHRISTENSEN A., Persische Märchen. Düsseldorf/Köln, 1958.

ELWELL-SUTTON L.P., Mashdi Goleen Khanom : The Wonderful Sea-Horse and Other Persian Tales — Translated by L.P. Elwell-Sutton. Geoffrey Bles, London, 1950.

ELWELL-SUTTON L.P., Persian Tales, translated into persian by Ali JAVAHERKALAM. Téhéran, 1962.

ENDJAVI A., Ghessèhâ-yé Irâni — Contes iraniens. Vol. 1 et 2. Téhéran, 1352/1974.

KIA S., Entéchârât-é édârè-yé farhang-é ῾âmè — Publications de l'Administration de l'instruction publique, n° 2, 4 contes, p. 163 et suivantes. Téhéran.

KOUHI KERMANI, Pânzdah afsânè-yé roustâï — 15 contes campagnards (2ᵉ édition). Tehrân, 1333.

LORIMER D.L.R. et E.O., Persian tales. London, 1919.

MASSE H., Contes en persan populaire. Paris, 1925.

MASSE H., Croyances et coutumes persanes (suivi de la traduction de 14 contes de Kouhi Kermani). Paris, 1938.

MEHDEVI A. SINCLAIR, Persian Folk and Fairy Tales. London, 1966.

SADAT-é-ECHKEVARI K., Afsânèhâ-yé Echkevar-é-bâlã — Recueil de contes d'Echkevar-é-bâlã. Téhéran, 1352/1974.

SOBHI, Afsânèhâ — Contes. Vol. 1, Téhéran, 1323. Vol. 2, Téhéran, 1325.

SOBHI, Afsânèhâ-yé kohan — Contes anciens. Vol. 1, Téhéran, 1336. Vol. 2, Téhéran, 1339.

b) Recueils de contes littéraires.

BRICTEUX A., Contes persans. Liège, 1910.

CLOUSTON W.A., Some persian tales from various sources. Glasgow, 1892.

LESCALLIER (Baron), Baktyar ou le favori de la fortune. Paris, 1805.

LESCALLIER (Baron), Histoire des neuf belvédères. Gênes, 1807.

PETIS DE LA CROIX, Les mille et un jours. Paris, 1885.

c) Études sur les contes.

ASMUSSEN J.P., Remarks on some iranian folk-tales treating of magic objects, especially A-T 564, *Acta Orientalia, 1965*, XXVIII, 3-4.

HEDAYAT S., Folklor yâ farhang-é toudé, *Sokhan*, 2ᵉ année, pp. 178 à 184 et 265 à 275. Téhéran.

MAHDJOUB M.-J., Le conteur en Iran, *Objets et mondes*. Printemps 1971, tome XI, fasc. 1, p. 159. Paris.

SOBHI M., Ta'sir-é afsânèhâ-yé Irân dar afsânèhâ-yé khâredji — Influence des contes iraniens sur les contes étrangers, *Mardomchenâsi*, 2e année. Téhéran.

VAHMAN F., Djamâvari-é afsânèhâ-yé irâni — Collecte des contes iraniens. *Sokhan*, 18 (1347) 2, pp. 171-177.

LISTE DES CONTES RECUEILLIS À MECHED

TEXTES MANUSCRITS

Meched I (45 contes)

Collection A. BOULVIN : textes manuscrits en persan et traductions en français.

1 — ABOUHADI (Meched)
2 — AHMADZADEH (Meched)
3 — ALIZADEH (Meched)
4 — ASSADI (Balkh)
5 — ASSADI (Birdjand)
6 — ATTARAN (Bodjnord)
7 — ATTARAN (Bodjnord)
8 — ATTARAN (Bodjnord)
9 — ATTARAN (Bodjnord)
10 — ATTARI (Meched)
11 — BAGHER (Gonabad)
12 — BAYAT (Meched)
13 — BEHBOUDI (Neichâbour) (enregistrement sur bande magnétique)
14 — BEHBOUDI (Neichâbour) (enregistrement sur bande magnétique)
15 — BEHNIA (Neichâbour)
16 — CAHENY (Birdjand)
17 — CHAFII (Ghoutchân)
18 — CHAHIDI (Meched)
19 — CHODJAI (Téhéran)
20 — DJALILI (Téhéran)
21 — EBRAHIMIAN (Meched)
22 — EKHTESARI (Meched)
23 — ERFANI (Meched)
24 — ETTEMADI (Sarâsiâb)
25 — ETTEMADI (Govârechk)
26 — ETTEMADI (Meched)
27 — GENDOMZADEH (Tabas)
28 — GHOREICHI (Meched)
29 — HABIBOLLAH (Meched)
30 — KARACHI (Meched)
31 — KHERADMAND (Ghoutchân)
32 — MADJIDIANI (Meched)
33 — MOHEBBI (Meched)
34 — MON'EMI (Meched)
35 — MO'TECHAMI (Birdjand)
36 — MORIDE-ASSADI (Tabas)
37 — RAHIMKHANEH (Birdjand)
38 — RAMZGAR (Torbat-Heidariè)
39 — SABOURI (Meched)
40 — SAGHAFI (Meched)
41 — SANATGAR (Birdjand)
42 — SANATGAR (Birdjand)
43 — SAREM-KALALI (Meched)
44 — TABASI (Meched)
45 — TAVAKOLI (Ghoutchân)

Meched II (13 contes)

Collection A. BOULVIN : enregistrements sur bandes magnétiques et traductions en français.
Collection E. CHOCOURZADEH : Textes en persan.

46-58 — MOCH'ALLAH KHANOUM (Tchenârân).

Meched III (38 contes)

Collection E. CHOCOURZADEH : textes en persan.
Collection A. BOULVIN : traductions en français.

59 — BAGHER (Meched)
60 — DAVOUDI (Neichâbour)
61 — HADJARI (Tabas)
62 — HOUCHYAR (Meched)
63 — NASROLLAH-NIA (Torbat-Heydarié)
64 — RO'YA-I (Gonâbâd)
65 — SABZEVARIZADEH (Sabzevâr)

66 — Salimi (Bodjnord)   71 — San'ati (Meched)
67 — Salimi (Bodjnord)   72 — San'ati (Meched)
68 — Salimi (Bodjnord)   73 — Sedeghi (Torbat-Heydarié)
69 — Sanam-Banou (Meched)   74 — Taghi (Torbat-Heydarié)
70 — San'ati (Meched)   75-96 — (Inconnu) (Meched)

Meched IV (7 contes)

Collection Radio-Meched (émissions folkloriques) : textes en persan.
Collection A. Boulvin : textes en persan et traductions en français.

97 — Ghandaharian (Gonâbâd)   101 — Ghandaharian (Meched)
98 — Ghandaharian (Meched)   102 — Ghandaharian (Meched)
99 — Ghandaharian (Meched)   103 — Ghandaharian (Meched)
100 — Ghandaharian (Meched)

Archives du Département du folklore (abréviation ADF)
(Ministère de la Culture et des Arts à Téhéran)

Documents consultés :   17 — AT 1577 (Tchors)
18 contes classés :   18 — AT 1930 (Tchors)
  1 — AT 103A (Amol)
  2 — AT 111A (Amol)   Contes non classés :
  3 — AT 311 (Khoy)   Contes d'animaux :
  4 — AT 403 (Khoy)
  5 — AT 408 (Mâkou)   19 — (Amol)
  6 — AT 451 (Guilân)   20 — (Mâkou)
  7 — AT 707 (Khoy)
  8 — AT 707 (Mâkou)   Contes magiques :
  9 — AT 780A (Khoy)
 10 — AT 884B (Amol)   21 — (Khoy)
 11 — AT 894 (Tchors)   22 — (Tchors)
 12 — AT 930 (Tchors)   23 — (Khoy)
 13 — AT 949* (Tchors)
 14 — AT 958 (Tchors)   Contes anecdotiques :
 15 — AT 983 (Tchors)
 16 — AT 1353 (Amol)   24 — (Tchors)
 17 — AT 1536B (Tchors)   25 — (Amol)
                                      26 — (Amol)
                                      27 — (Amol)
                                      28 — (Amol)

TYPES AT DES CONTES ANALYSÉS

AT n°	page	AT n°	page
2	1	780	42
20D*	1	852	44
92	3	861	45
130	4	873	46
306	4	875	46
311	5	875A	47
313	6	875D	48
313H*	8	879	48
314	9	891	50
327	10	894	51
332	12	898	54
333	12	930	55
401	13	938	56
403	14	949*	56
425	15	976A	57
450	17	980*	58
480	17	1164	59
510B	19	1168A	60
511A	21	1351	60
514	22	1358B	62
516	22	1360C	62
516B	23	1381D	63
550 et 551	24	1419E	63
560	26	1419E*	65
560 I et II	29	1420D	65
563	29	1525N	66
613	30	1532	66
621	32	1534A	67
653	32	1535	67
653A	33	1536B	68
655	34	1537	68
655A	34	1545A	69
681	35	1577*	69
706	36	1641	70
707	36	1642	72
708	38	1651	74
709	38	1654	75
715A	39	1655	76
725	39	1696	77
729	42		

ANALYSES THÉMATIQUES

CONTES CLASSÉS

[LE LOUP QUI PERDIT SA QUEUE]
TYPE AT 2 (THE TAIL-FISHER)

I. MOTIFS

1) Tous les animaux tiennent conseil pour lutter contre un loup qui dévaste le pays, le renard trouve la solution.
2) Le renard conseille au loup de laisser pendre sa queue dans un trou pratiqué dans la glace, le soir, de façon à trouver, au matin, une quantité de poissons attachés à sa queue.
3) Au matin, la queue du loup est prise dans la glace et il doit l'abandonner pour sauver sa vie.

II. VERSIONS

a) Meched IV, 102 (Meched).

IV. REMARQUES

EBERHARD et BORATAV [1] nous font remarquer que ce conte a probablement une origine européenne nordique.

D'après le catalogue AARNE-THOMPSON [2] nous constatons aussi que les versions sont plus nombreuses dans les pays froids que dans les pays chauds. Il semble logique que ce conte soit originaire de pays où les paysans pratiquent la pêche durant l'hiver en creusant des trous dans la glace.

LE RENARD PIEUX
TYPE AT 20D* (COCK AND OTHER ANIMALS JOURNEY TO ROME
TO BECOME POPE)

I. MOTIFS

1) Un renard va ronger des os qu'un boucher jette sur le toit de son voisin, le teinturier.
2) Une nuit, par un trou du toit, le renard croit voir à l'intérieur de la boutique, la graisse d'une queue de mouton, mais c'est la lune qui se reflète dans un bassin de teinture.

[1] TTV, p. 30.
[2] TAT, p. 22.

3) Le renard y tombe et en sort teint en bleu. Le renard, prisonnier, attend le jour.

4) Au matin, le teinturier ouvre sa porte, son chapelet à la main.

5) Le renard se précipite, le chapelet lui entoure le cou et il s'enfuit.

6) Il déclare qu'il part en pèlerinage à La Mecque et il entraîne avec lui un coq, un chien, puis un âne.

7) Il essaie de manger le coq, mais les trois compagnons alertent un jardinier qui attrape le renard.

II. Versions

a) Meched I, 41 (Birdjand)

b) Lorimer : Persian Tales, p. 118 (Kermâni tales)

c) Sobhi : Afsânèhâ-yé Kohan, I, p. 143

d) Sobhi : Afsânèhâ-yé Kohan, II, p. 9

III. Variantes

b) 1, 2, 3, 5) Néant.

6) Le renard emmène un coq, un oiseau aquatique et une huppe.

7) Le renard croque le coq et l'oiseau aquatique. Mais, au moment où il l'attrape, la huppe veut lui donner un conseil; le renard ouvre la gueule et la huppe s'envole. Elle fait prendre le renard par des soldats qui cherchent de la bile de renard pour guérir la fille du roi.

c) 1, 2, 3, 4, 5) Néant. Remplacé par : le renard vole les vêtements d'un «cheikh»; ainsi vêtu, il part en pèlerinage à La Mecque.

6) Un coq, un loup, un âne, un ours, un bouc l'accompagnent.

7) Le renard convainc l'ours et le loup qui dévorent le coq.

8) Les autres animaux l'attrapent en le dénonçant aux paysans qui le prennent.

d) 1, 2) Néant.

3) Le renard tombe par hasard, par le trou du toit d'une teinturerie, dans un bassin de teinture bleue; il s'enfuit.

4) Le lendemain, il part à La Mecque, car il est vêtu de bleu[1].

6) Le renard emmène le coq, le canard et la grive huppée.

7) La grive le dénonce; des cavaliers attrapent le renard pour prendre son fiel.

IV. Remarques

Le Roman de Renart reprend le même thème avec les motifs suivants[2] :

1) Le renard part en pèlerinage à Rome, la besace au cou et le bourdon à la main. Il est accompagné du bélier et du lièvre.

---

[1] Le bleu est la couleur habituelle des vêtements des derviches.

[2] Le Roman de Renard : traduction J.-F. Willems. Bruxelles, 1949, p. 67.

2) Le renard tue le lièvre, met sa tête dans la besace et la fait porter au roi par le bélier qui croit qu'il porte des lettres.

3) Le renard va se réfugier avec sa famille dans le désert.

La fable de La Fontaine[1] «Le Chat et le Renard» se compose des motifs suivants :

1) Un chat et un renard partent en pèlerinage et se disputent, car le renard connaît cent ruses et le chat une seule.

2) Des chiens surviennent; le chat monte dans un arbre et est sauvé; le renard essaie cent cachettes et est croqué par les chiens.

Une autre fable de La Fontaine[2], «Le Loup et le Renard», reprend le motif 2 de la version a : le renard croit voir la graisse d'une queue de mouton; mais le modifie un peu : le renard prend le reflet de la lune pour un fromage et il saute dans un puits. (Cf. type AT 34).

Nous retrouvons le même thème dans le récit en vers du célèbre poète persan Obeyd-é-Zâkâni[3] qui s'est répandu jusqu'en Algérie.

LE LION ET LA SOURIS
TYPE AT 92 (LION DIVES FOR HIS OWN REFLECTION)

I. MOTIFS

1) Conseil de tous les animaux qui décident de tirer au sort, chaque jour, une proie pour le lion.

2) Le premier jour, le lion dévore une panthère.

3) Le deuxième jour, le sort ayant désigné la souris, celle-ci abuse le lion en montant sur son dos et en le conduisant au bord d'un puits où il prend la proie pour l'ombre et saute dans le puits.

4) Le lion prisonnier ne peut plus sortir du puits et les animaux vivent en paix.

II. VERSIONS

a) Meched I, 42 (Birdjand).

IV. REMARQUES

Nous retrouvons des motifs identiques dans un conte de Kalilè o Demnè[4] mais un lièvre y remplace la souris.

AARNE-THOMPSON[5] indique la référence de CHAUVIN[6] qui résume le

---

[1] LA FONTAINE J. : Fables éd. Jean Longnon, Paris, 1928, tome IV, p. 154.

[2] Ibid., p. 223.

[3] MOKRI M. : «Souris et Chat en Algérie». Sokhan, 3ᵉ année, pp. 385-387.

[4] MINOVI M. : Kalilè o Demnè. Téhéran, 1343, pp. 86-88.

[5] TAT, p. 42 et p. 368.

[6] BOA II, p. 88, n° 25 (Kalîlah).

conte de Kalilè o Demnè, pour le type AT 92 et la cite aussi pour
le type AT 1168A (The demon and the mirror).

UN COQ ET SES CAMARADES
TYPE AT 130 (THE ANIMALS IN NIGHT QUARTERS)

I. MOTIFS

1) Un coq, un chat, un chien et un âne partent en voyage.
2) Ils montent tous sur le dos les uns des autres.
3) Ils se mettent à crier et ainsi chassent des voleurs.
4) Ils se régalent des provisions qui se trouvent dans la maison des
   voleurs et tuent un voleur.

II. VERSIONS

a) Meched I, 30 (Meched).

IV. REMARQUES

La version a se compose des mêmes motifs que ceux du conte type
analysé dans AT 130. Nous retrouvons le même thème dans la version
des frères GRIMM qui est fort connue sous le titre : « Les Musiciens
de la Ville de Brême ».
TTV, type 11.

LE CHAUVE
TYPE AT 306 (THE DANCED-OUT SHOES)

I. MOTIFS

1) Les sept filles d'un roi disparaissent mystérieusement chaque nuit.
2) Tous ceux qui les surveillent s'endorment sauf un chauve malin qui,
   grâce à une prise de tabac, résiste au soporifique répandu dans la
   chambre.
3) Le chauve découvre un jardin aux arbres merveilleux dont il cueille
   quelques branches ; il y voit les princesses s'unir à des jeunes gens.
4) La nuit suivante, le chauve emmène le roi qui fait tuer ses filles
   sauf la cadette qui devient l'épouse du chauve.

II. VERSIONS

a) Meched I, 8 (Birdjand).

IV. REMARQUES

TTV 183.

LES TROIS JEUNES FILLES ET PIR BARZANGUI
TYPE AT 311 (RESCUE BY THE SISTER)

I. MOTIFS

    1) Un ogre dévore les deux filles aînées.

    2) La cadette, grâce à son chat, réussit à tromper l'ogre; elle lui dérobe les clefs des chambres interdites.

    3) Elle délivre les victimes de l'ogre et s'enfuit dans un coffre volant.

II. VERSIONS

    a) Meched III, 75 (Meched).

    b) Meched I, 45 (Ghoutchân).

    c) SOBHI : Afsânèhâ II, p. 3.

    d) SOBHI : Afsânèhâ II, p. 7.

    e) SOBHI : Afsânèhâ II, p. 19.

    f) SOBHI : Afsânèhâ II, p. 21.

    g) ADF : n° 3 (Khoy).

III. VARIANTES

    b) 1) Un « div » enlève et épouse la fille d'une veuve.

        2) Elle trompe le div, délivre ses victimes, puis elle trempe ses cheveux dans l'or liquide, son corps dans l'argent liquide, ses ongles dans la turquoise liquide.

        3) Elle s'enfuit, cachée dans un vêtement de feutre.

    c) 1) La cadette de sept sœurs est enlevée par un div.

        2) Le div l'épouse, elle le charme; pendant son sommeil, elle ouvre les chambres interdites.

        3) Elle délivre les victimes et un chien qui se transforme en homme.

        4) Le jeune homme trouve le flacon de vie du div qui est caché dans le ventre d'un poisson et le brise; puis il épouse la jeune fille et marie ses six frères à ses six belles-sœurs.

    d) 1) Trois filles sont enlevées par un div et crucifiées.

        2) La cadette, grâce à son chat, résiste au div.

        3) Elle délivre ses sœurs après avoir brisé le flacon de vie du démon.

    e) 1) Une goule enlève les deux filles aînées.

        2) La cadette qui possède un chat, charme la goule.

        3) Elle délivre ses sœurs et les autres victimes, puis tue la goule.

    f) 1) Un div emporte, dans un sac, la septième fille qui a oublié de fermer la septième porte.

        2) Elle s'enfuit et met des pierres à sa place dans le sac.

        3) Elle rencontre un prince qui l'épouse.

    g) 1) De nombreuses jeunes filles sont emprisonnées par un div.

        2) Une jeune princesse le charme et l'endort, puis ouvre les portes des chambres interdites.

3) Elle délivre les victimes et se cache dans un coffre.
4) Le div jette le coffre à la rivière.
5) Un prince le trouve et épouse la princesse.

IV. REMARQUES

TTV 157.
Le motif 2 de la version b se rapproche du motif des trois chambres : l'une d'or, l'autre d'argent, la troisième de bijoux, classé dans AT 314 et étudié par P. DELARUE [1].

LE DERVICHE ET LE PRINCE MOHAMMAD
TYPE AT 313 (THE GIRL AS HELPER IN THE HERO'S FLIGHT)

I. MOTIFS

1) Un derviche donne un remède à un roi pour qu'il ait un fils, à condition de le livrer au derviche quand il sera grand.
2) Le derviche vient chercher le prince.
   Le derviche est un div ; le prince reçoit des conseils pour tuer le derviche.
3) Après la mort du div, le prince délivre les prisonniers et trouve le portrait d'une jeune fille, dont il devient amoureux.
4) Le prince cherche cette jeune fille et il trouve un tapis, représentant son portrait. Il la découvre et l'épouse.

II. VERSIONS

a) Meched I, 6 (Bodjnord).
b) CHRISTENSEN : Les dialectes d'Awromân et de Pâwa, conte VI.
c) KOUHI : Pânzdah Afsânè ..., p. 25 (Kerman).
d) LORIMER : Persian Tales, p. 108 (Kermâni Tales).
e) LORIMER : Persian Tales, p. 212 (Bakhtiâri Tales).
f) LORIMER : Persian Tales, p. 251 (Bakhtiâri Tales).
g) ADF : n° 23 (Khoy).

III. VARIANTES

b) 1) Un derviche donne trois pommes aux trois femmes du roi qui accouchent de trois fils.
   2) Le derviche vient chercher le cadet qui le tue en le poussant dans le four.
c) 1) Le derviche offre une pomme au roi ; il doit la partager avec sa femme.

---

[1] DELARUE P. : CPF I, p. 242.

2) Khezr conseille le prince qui tue le derviche. Il délivre une jeune fille et reçoit un remède pour soigner la cécité de son père.

3, 4) Néant.

d) 1) Le roi reçoit quatre pommes d'un derviche; ses quatre épouses les mangent sauf la dernière dont un corbeau emporte une demi-pomme. La femme accouche d'un demi-garçon.

2) Le demi-garçon vainc le div, le tue et succède au roi.

3, 4) Néant.

e) 1) Le derviche donne une grenade. La reine accouche de jumeaux.

2) Le derviche vient chercher l'aîné et donne une bague magique au cadet. L'aîné tue le derviche.

f) 1) Un derviche donne sept pommes aux sept épouses, mais la dernière mange la moitié et un mouton l'autre moitié; elle accouche d'un demi-garçon.

2) Le demi-garçon vainc un div et délivre ses frères prisonniers.

3, 4) Néant.

5) Les frères jaloux jettent le demi-garçon dans un puits d'où il sort et raconte la vérité.

g) 1) Un derviche donne trois pommes au roi, ses trois épouses les mangent, mais la troisième ne mange qu'une demi-pomme, car une poule dévore l'autre moitié, elle accouche d'un infirme.

2) Les deux aînés vont combattre le div qui les aspire. Le cadet, aidé d'un vacher, d'un berger et d'une vieille, vainc le div en lui lançant du sel dans les yeux et du tabac dans le nez. Le div éternue et les deux aînés lui tombent du nez.

3) Les trois frères tuent le div; le cadet devient roi.

IV. REMARQUES

Il y a une contamination entre les motifs 3 et 4 et le même motif dans les « Mille et Une Nuits », n° 113, 218 et 348 et Syntipas n° 14 et 66 [1].

Il y a une contamination du motif 5 de la version f avec le motif 5 de la version c du type AT 550, 551.

La version e est suivie du type AT 303.

La pomme a souvent un rôle magique. A. BRICTEUX a traduit un conte [2] qui contient le motif d'un fruit magique :

Un roi désespéré de ne pas avoir de descendant voit en songe, un être lumineux qui lui conseille de manger un fruit et de donner les cent autres fruits à chacune de ses femmes.

Ces fruits seront cueillis sur un arbre desséché depuis trois ans, mais qui, par la volonté de Dieu, vient de reverdir et porte cent et un fruits.

[1] CHAUVIN V. : BOA V, p. 132.
[2] BRICTEUX A. : Contes Persans, p. 173.

Une pomme a aussi un rôle magique dans « Le Mariage de Châh Abbâs » (Meched III, 72) :

Châh Abbâs portait toujours sur lui une pomme qu'un Imâm lui avait donnée en rêve. Cette pomme restait éternellement fraîche et parfumée. Il la tira de sa poche, la déposa sur le chancelier d'or. Il lui demanda de raconter des histoires et la pomme se mit à conter.

LA PEAU DE LA PUCE
TYPE AT 313 H* (FLIGHT FROM THE WITCH)

I. Motifs

1) Pour éviter d'épouser un div, une princesse s'enfuit sur un cheval-fée.
2) Elle répand derrière elle des aiguilles qui deviennent des champs d'aiguilles ; du sel qui devient une plaine salée ; une jarre d'eau qui devient une mer dans laquelle son poursuivant se noie.
3) La princesse s'enfuit et est sauvée.

II. Versions

a) Meched I, 29 (Meched).
b) Lorimer : Persian Tales, p. 25.

III. Variantes

b) 1) Une princesse s'enfuit avec un prince ; elle est poursuivie par des divs, car elle a oublié de souhaiter bonne chance au poids d'une livre.
2) Le prince lance un roseau qui devient une forêt, une aiguille qui devient un champ d'aiguilles, du sel qui se répand, de l'écume qui devient une mer.

IV. Remarques

La version a est la deuxième partie d'un conte complexe combiné avec le type 621.

La version b est combinée avec le type AT 425 et est intitulé : The Snake-Prince Sleepy-Head.

Dans le conte type classé dans AT 313 H*, les trois objets magiques sont successivement, une brosse qui se transforme en forêt, des cailloux en montagnes, un essuie-main en rivière pour permettre à des enfants d'échapper à une sorcière.

J'ai classé les versions a et b sous le numéro 313 H*, car elles ne correspondent qu'au motif III du type 313, tandis qu'il est seul aussi dans le conte type analysé dans AT 313 H*.

LE CAVALIER NONPAREIL ET LE CHEVAL-FÉE
TYPE AT 314 (GOLDENER)

I. MOTIFS

1) Le poulain marin confie au prince des poils à brûler en cas de nécessité.
2) Le prince devient aide-jardinier, la princesse cadette l'aperçoit, devient amoureuse de lui et lui lance une pomme.
3) Les trois filles du roi envoient des melons à leur père pour qu'il les marie avec celui qui sera touché par une orange amère. Les deux aînées épousent le fils du vizir et celui du vakil, mais la cadette, celui du jardinier.
4) Le jeune jardinier, avec l'aide du poulain, va à la chasse, il marque comme esclaves ses beaux-frères; il est le seul à rapporter au roi le gibier qui lui convient.
5) Le jardinier gagne un combat et triomphe grâce au poulain.
6) Les beaux-frères sont humiliés, le jeune jardinier découvre son identité et rentre dans son pays avec la princesse.

II. VERSIONS

a) Meched I, 4 (Balkh).
b) Meched II, 58 (Tchenârân).
c) CHRISTENSEN : Persische Märchen, p. 55.
d) ELWELL-SUTTON : Persian Tales, p. 11.
e) LORIMER : Persian Tales, p. 33 (Kermâni Tales).
f) SOBHI : Afsânèhâ, II, p. 49.

III. VARIANTES

b) 2) Le prince paraît chauve car il met une vessie de mouton sur sa tête.
   3) Un faucon se pose sur la tête du mari.
c) 3) Sept filles, sept melons.
   5) Néant.
   6) Le jardinier devient prince héritier.
d) 3) Un aigle désigne les gendres du roi.
      Il se pose trois fois sur la tête du jardinier.
   4) La chair de la gazelle du jardinier guérit le roi.
   5) Néant.
e) 2) Le prince se cache dans une peau de mouton.
   4) La tête et les pattes du gibier guérissent le roi.
   6) Le jardinier succède au roi et fait de ses beaux-frères, ses vizirs.
f) 4) Les têtes des gibiers guérissent le roi.
   5) Néant.
   6) Le prince règne alternativement six mois dans son royaume et

six mois dans celui de sa femme, après avoir guéri son père de
la cécité, grâce au « toutiâ-yé dariâï ».

IV. REMARQUES

TTV 158.
Toutes les versions a, b, c, d, e, f suivent le conte type AT 511A.
Le conte s'intitule « Le Poulain Marin » ou « Le Cheval Marin » dans
les versions b, c, d, e, f ; le titre de la version a n'est pas traditionnel.
Le cheval marin est un animal magique qui sort de la mer et vient
parfois sur terre et y reste. Il se nourrit de « noghl » (sorte de sucre
d'orge), il parle, il vole et il a des pouvoirs magiques.

LES COURAGEUSES JEUNES FILLES KURDES
TYPE AT 327 (THE CHILDREN AND THE OGRE)

I. MOTIFS

1) Une fille de chef de tribu se perd, avec onze amies, dans la montagne.
2) Les jeunes filles vont chez le loup qui veut les dévorer avec ses
   amis durant la nuit.
3) La fille du chef ne dort pas et elle envoie les loups chercher douze
   vêtements d'homme, douze chevaux, douze outres de sirop et douze
   passoires.
4) Pendant que les loups essaient de remplir d'eau les passoires, les
   jeunes filles se sauvent et mettent à leurs places les outres de sirop.
5) Les loups reviennent, se jettent sur les outres et boivent du sirop
   à la place de sang.
6) Les loups partent à leur poursuite, mais ils se noient en passant la
   rivière.
7) Les jeunes filles courageuses rentrent dans leur tribu et reçoivent
   en récompense la permission de se choisir des maris.

II. VERSIONS

a) Meched I, 17 (Ghoutchân).
b) Meched III, 87 (Meched).
c) CHRISTENSEN : Persische Märchen, p. 81.
d) LORIMER : Persian Tales, p. 317 (Bakhtiâri Tales).
e) SOBHI : Afsânèhâ, I, p. 103.

III. VARIANTES

b) 1) Un garçon et ses camarades vont au bois.
   2) Ils se réfugient chez un vieillard.

3) Le garçon ne dort pas et envoie le vieillard chercher de l'eau avec un tamis.

4) Idem.

5, 6, 7) Néant.

8) Le lendemain le garçon revient, tue le vieillard et vole ses biens.

c) 1) Un bûcheron perd ses sept filles pour se venger de leur gourmandise car elles ont mangé le « halvâ », destiné à son ami le lion qui, furieux, interdit au bûcheron l'accès de la forêt.

2) Elles arrivent chez un div, la cadette reste éveillée, elle demande des bijoux, de l'argent, puis sept chevaux et sept corbeilles.

3) Le div essaie en vain de remplir les corbeilles d'eau.

6, 7) Néant. Remplacé par la mort du div, causée par sa colère.

d) 1) Un père perd ses sept filles dans la montagne.

2) Le div met du sel dans sa blessure pour ne pas dormir.

3) L'aînée demande sept chevaux, sept sacs de bijoux, dix sacs de sel, dix paquets d'aiguilles, dix poinçons, dix outres de sirop et de glu.

8) Les sept filles se déguisent en hommes, puis épousent sept princes ; elles recueillent leurs parents.

e) 1) Une petite fille de la taille d'un pois se perd avec ses amies.

2) Un div les emmène, mais la petite reste éveillée.

3) Elle demande au div du « halvâ » qu'elle vole et elle s'enfuit.

4, 5, 6, 7) Néant.

IV. REMARQUES

TTV 160, 161.

Le motif 5, l'outre de sirop éventrée à la place de la jeune fille, se retrouve aussi au motif IV du conte type, classé dans AT 879.

Ce conte nous rappelle celui du « Petit Poucet » de Perrault[1]. Les motifs en sont assez différents, les versions persanes se rapprochent beaucoup plus de la version turque, publiée par BORATAV et intitulée « Kéloghlan qui alla épouser la Femme-des-Braves »[2], dont les motifs sont les suivants :

1) Un chauve part et rencontre une ogresse, assise au sommet d'une montagne, les seins sur le dos.

Il la tête pour être considéré comme son fils.

2) L'ogresse le protège quand ses fils veulent le manger. Elle le cache en le changeant en balai pour quelques instants.

3) Les ogres dorment, mais le chauve reste éveillé et exige de la nourriture de l'ogresse.

---

[1] DELARUE P. : CPF, I, p. 306.
[2] BORATAV P.-N. : Contes Turcs, p. 111.

4) Sous prétexte d'aller à la toilette, il s'enfuit malgré qu'il soit attaché à une corde.

6) Pendant la poursuite des ogres, le chauve est caché par une grenouille, une tortue et un hérisson que l'ogresse avale, elle en meurt; le chauve lui coupe les oreilles.

7) Le chauve rentre chez lui, rapporte les oreilles de l'ogresse et se vante d'avoir réussi un exploit.

Dans la tradition populaire turque, le héros chauve est très célèbre, il est pauvre et réussit des exploits extraordinaires. Il joue le même rôle dans la tradition populaire iranienne.

LE VIEIL ARRACHEUR DE BROUSSAILLES
TYPE AT 332 (GODFATHER DEATH)

I. MOTIFS

1) Dieu déclare à l'ange de la mort Ezrâïl que les hommes sont plus malins que les anges et lui cite en exemple un vieil arracheur de broussailles.

2) Ezrâïl propose au vieillard de se faire passer pour médecin et l'ange l'aide, en se plaçant aux pieds du malade, s'il est destiné à mourir, ou bien en lui indiquant le médicament guérisseur.

3) De cette façon, le vieillard guérit la fille du roi et devient son gendre, puis il lui succède.

4) Au moment de la mort du vieillard, l'ange Ezrâïl se présente. Aussi le vieillard lui demande la permission de faire une prière avant de mourir, il abuse l'ange qui a accepté, car la prière ne se terminera jamais.

5) L'ange est obligé de reconnaître que les hommes sont plus malins que les anges.

II. VERSIONS

a) Meched I, 11 (Gonâbâd).

IV. REMARQUES

TTV 112.

UN JOLI PETIT PAYSAN
TYPE AT 333 (THE GLUTTON - RED RIDING HOOD)

I. MOTIFS

1) Un petit paysan porte des provisions à son père qui travaille dans un autre village.

2) Le petit paysan rencontre un loup qui le devance et s'installe dans le lit du père qui est absent.

3) Le loup dévore l'oreille du petit paysan qui est sauvé par son père qui tue le loup.

II. Versions

a) Meched I, 16 (Birdjand).
b) Meched I, 19 (Téhéran).

III. Variantes

b) 1) Une petite fille va chez sa grand-mère.
    2) Le loup dévore la grand-mère.
    3) Le loup dévore la petite fille.

IV. Remarques

TTV, Anlage Aa 3.

On peut supposer que la version b est une traduction en persan du conte européen : « Le Petit Chaperon Rouge » dont les motifs sont identiques [1]. Il est aussi possible que la version a ait une origine européenne.

LE PUITS ENCHANTE
TYPE AT 401 (THE PRINCESS TRANSFORMED INTO DEER)

I. Motifs

1) Au moment de mourir, un roi conseille à ses trois fils de s'éloigner d'une certaine plaine dans laquelle il y a un danger.

2) Le fils aîné désobéit, poursuit une gazelle et est pétrifié quand il boit l'eau d'une source.

3) Le fils puîné, de même.

4) Le fils cadet plante un rameau qui restera vert tant qu'il sera en vie, puis il suit une gazelle qui disparaît dans un puits.

5) Le jeune prince découvre un jardin et délivre une jeune fille crucifiée par un div.

6) Le prince tue le div en brisant son flacon de vie et il épouse la jeune fille.

II. Versions

a) Meched III, 63 (Torbat-Heydariè).
b) Elwell-Sutton L.-P. : Persian Tales, p. 112.

---

[1] Delarue P. : CPF, I, p. 373.

III. Variantes

b) 1) Le roi conseille de ne pas passer par une porte de la ville.

4) Le cadet enfonce son épée dans la terre; trois pigeons le conseillent. Il lance une pierre dans la vasque d'eau; une jeune fille le touche de sa baguette et il entre dans la coupe.

5) Il découvre une princesse endormie dont les sept tresses sont attachées aux sept pieds de son trône.

Il la réveille en mettant son poignard sur sa poitrine.

Il est si amoureux d'elle qu'il oublie ses frères.

IV. Remarques

Les deux versions a et b sont suivies du conte type 516B.

[LA SŒUR RICHE ET LA SŒUR PAUVRE]
TYPE AT 403 (THE BLACK AND THE WHITE BRIDE)

I. Motifs

1) Une méchante sœur riche oblige sa sœur pauvre à quitter la ville; la pauvre sœur accouche dans une caverne.

2) Quatre femmes d'Imâms apparaissent et offrent quatre dons à la petite fille : un bouquet de rose à chaque sourire; une perle à chaque larme; un sac d'argent chaque matin; une brique d'or et une brique d'argent à chaque pas.

3) Le prince devient amoureux de la jeune fille qui invite sa tante et sa cousine à ses noces.

4) En chemin, la tante substitue sa fille à la mariée à laquelle elle arrache les yeux, puis elle la jette dans un puits. Elle conduit sa fille dans la chambre nuptiale.

5) Le prince épouse la vilaine cousine.

6) Sur le conseil de deux colombes, la jolie jeune fille recolle ses yeux avec sa salive, mais elle ne voit pas; elle est recueillie par un vieillard.

7) Le vieillard vend ses fleurs au prix des yeux.

8) La jolie fille retrouve la vue, épouse le prince qui châtie la méchante tante et sa fille.

II. Versions

a) Meched III, 92 (Meched).

b) Sobhi : Afsânèhâ, I, p. 9.

c) ADF : n° 4 (Khoy).

III. Variantes

b) 1) Un marchand ruiné part avec sa femme.

6) Néant. La jeune fille est recueillie par un jardinier.

c) 1) Un prince part avec sa femme.

    2) Trois colombes font trois dons : des fleurs à chaque sourire; des perles à chaque pleur; des briques d'or et d'argent à chaque pas.

IV. Remarques

TTV 240.

Il y a contamination de ce conte type AT 403 avec le conte type AT 480.

LE SULTAN SERPENT

TYPE AT 425 (THE SEARCH FOR THE LOST HUSBAND)

I. Motifs

    1) Un père donne sa fille en mariage au sultan serpent qui donne, chaque nuit, un soporifique à son épouse.

    2) Sur le conseil de ses sœurs jalouses, l'épouse ne boit plus le remède et elle voit que son mari quitte sa peau de serpent la nuit et devient un homme.

    3) Elle avoue à son mari qu'elle désire qu'il reste un homme.

    4) Il lui prédit que si elle fait brûler sa peau, elle devra user sept paires de souliers de fer et sept cannes de fer avant de le retrouver.

    5) L'épouse n'obéit pas; elle brûle la peau de serpent sur un feu de pelures d'ail et d'oignon.

    6) La prédiction s'accomplit.

    7) Au bout du terme, elle arrive au pays du sultan serpent et se fait reconnaître en laissant tomber sa bague dans une cruche.

    8) Le sultan serpent l'épouse en secret et la garde comme servante.

    9) Sa belle-mère lui impose des épreuves : faire devenir blanc du feutre noir; aller chercher une boîte chez sa sœur; ouvrir les portes fermées et fermer les portes ouvertes; mettre les os devant le chien et la paille devant le chameau; fermer un lit ouvert et ouvrir un lit fermé; se sauver quand la sœur la poursuit avec un couteau.

  10) La belle-mère marie le sultan serpent avec sa cousine; elle fait balayer sa femme avec ses cils et ses larmes; elle lui entoure le corps de chandelle pour la faire brûler; mais son mari lui a entouré le corps avec de la pâte, elle ne brûle pas et les invités mangent de la croûte en croyant la dévorer.

  11) Le sultan serpent tue la nouvelle mariée et s'enfuit avec sa femme.

II. Versions

    a) Meched III, 85 (Meched).

    b) Christensen : Persische Märchen, p. 7.

    c) Lorimer : Persian Tales, p. 25 (Kermâni Tales).

III. Variantes

b) 1) Un pêcheur marie sa fille cadette avec un poulain marin.

5) Elle brûle sa peau avec des pelures d'oignon et de pistache.

8) Pour échapper à sa mère, le mari la change en aiguille puis en bobine.

9) Elle doit blanchir du linge noir; aller chez la tante avec des ciseaux qui l'aident à s'enfuir; mettre de l'eau dans le ruisseau sec; la paille devant l'âne et les os devant le chien.

c) 1) La reine a comme fils un serpent noir qu'elle marie à la fille du vizir.

2) Néant.

5) Elle brûle la peau du serpent avec des coquilles d'œufs, un manche à balai, le poil de la queue d'un chien.
Elle doit user sept paires de souliers et sept manteaux de papier.

8) Le prince lui confie des cheveux qu'elle devra brûler pour qu'il vienne à son secours.

9) La princesse doit balayer avec un balai de perles dont les perles tombent; ramener de l'eau dans une passoire; elle doit porter à la tante un coffret, rempli d'insectes, qu'elle ouvre et qu'elle doit rattraper.

10) Le soir du mariage du prince avec sa cousine, elle porte une bougie qui lui brûle les doigts; le prince a le cœur brûlé.

IV. Remarques

TTV 98.

La version a et la version c se ressemblent beaucoup et elles sont suivies toutes les deux par le conte type AT 313H* dans laquelle les héros intercalent des obstacles entre eux et leurs poursuivants. Tandis que la version b est suivie du conte type AT 313 qui est aussi une fuite magique mais dans laquelle les héros échappent à leurs poursuivants en prenant des formes différentes et finissent par les manger.

Ce conte donne un exemple assez rare d'un thème grec (Psyché), qui ressemble à un conte populaire persan. E. Cosquin, dans l'essai qui précède son ouvrage [1], insiste sur l'origine indienne de tous les contes dont il reconnaît la marque de fabrique; il pense que la légende de Psyché viendrait des Indes et nous aurait été transmise par le canal des Grecs et aurait été reprise par Apulée à l'époque romaine.

On peut aussi rappeler un exemple littéraire: celui de l'histoire de l'athlète Milon, reprise par Nezami dans le conte de la petite esclave de Chine [2]. L'auteur rappelle que Démoclès, le médecin grec de la

---

[1] Cosquin E.: Contes Populaires de Lorraine (Préface).

[2] Erfan M.: «Histoires anciennes de l'Iran et de la Grèce», Ayandè, année 1, n°8, pp. 467-472.

cour de Darius, avait épousé la fille de l'athlète Milon après avoir fui
l'Iran.

LE FRÈRE ET LA SŒUR
TYPE AT 450 (LITTLE BROTHER AND LITTLE SISTER)

I. Motifs

1) Un garçon et une fille dont la mère est morte sont détestés par leur
   belle-mère.
2) Leur père les abandonne dans un champ et les enfants errent dans
   le désert.
3) Le garçon boit l'eau d'une rivière et est transformé en gazelle.
4) Un prince épouse la fille qui est séparée de son frère-gazelle.
5) La sœur retrouve son frère-gazelle amené au palais par un chasseur
   et elle fuit avec lui.

II. Versions

a) Meched I, 40 (Meched).

IV. Remarques

TTV 168, 245, III.

MOLLA BADJI
TYPE AT 480 (THE KIND AND THE UNKIND GIRLS)

I. Motifs

1) Une institutrice devient la belle-mère de trois filles. Après leur avoir
   fait tuer leur mère en la poussant dans une jarre de vinaigre, elle
   oblige leur père à les perdre dans la forêt.

II. Versions

a) Meched III, 61 (Tabas).
b) Christensen : Persische Märchen, p. 69.
c) Lorimer : Persian Tales, p. 79 (Kermâni Tales).
d) Lorimer : Persian Tales, p. 256 (Bakhtiâri Tales).
e) Sobhi : Afsânèhâ, II, p. 24.

III. Variantes

b) 2) La marâtre oblige la jeune fille à filer, mais une vache sortie de
      la jarre, fait tout le travail.
   3) La jeune fille charme un div qui lui offre une lune sur le front.

4) La marâtre envoie sa fille chez le div qui lui offre un vilain bouton sur le front et un autre au menton.

5) Un prince amoureux épouse par erreur la vilaine fille substituée. Un coq chante la vérité; le prince épouse la jolie jeune fille.

c) 2) Une vache sort de la jarre de vinaigre et aide la jeune fille méprisée par sa marâtre.

3) La jeune fille reçoit d'un div une lune sur le front et une étoile sur le menton.

4) La fille de la marâtre reçoit du div. des oreilles d'âne au front et une queue d'âne au menton qui repoussent quand on les coupe.

5) Pendant que la marâtre et sa fille se rendent au mariage de la princesse, la pauvre jeune fille doit séparer des lentilles de haricots et remplir une jarre de larmes. La vache l'aide et l'envoie à la fête avec de beaux habits.

6) Le prince devient amoureux d'elle, elle perd son soulier.

7) Le prince la recherche; la marâtre la cache dans le four, mais un coq chante la vérité.

d) 1) Une tatoueuse conseille à la jeune fille de faire monter sa mère dans un grenadier, puis de lui annoncer que son frère est mort; d'émotion la mère meurt car elle tombe.

2) La mère apparaît en rêve et conseille à sa fille de dire au veau : potage et riz dans une oreille; eau de rose dans l'autre oreille. Le veau lui donne à manger.

3) La marâtre fait tuer le veau mais la jeune fille enterre ses os. Un div lui met une lune sur le menton et un soleil sur le front; il lui offre des bijoux et des pantoufles. Elle en perd une, un prince la trouve, il épouse la jeune fille qui accouche d'un fils.

4) Les deux filles de la marâtre vont chez le div qui leur met une oreille d'âne sur le front et une queue de taureau sur le menton.

e) 1) Idem.

2) Une vache sort de la jarre de vinaigre et file le coton.

3) Une jeune fille fait la conquête d'un div qui lui conseille de se laver la figure à l'eau noire et les mains à l'eau blanche; son front a une lune et son menton une étoile.

4) Une méchante sœur revient avec un serpent sur le front et un scorpion sur le menton, car elle s'est lavée avec l'eau jaune.

5) Pendant que la marâtre et sa fille vont à un mariage, la jeune fille doit remplir une coupe de larmes, trier les haricots et les lentilles; le div l'aide, verse du sel dans l'eau et lui donne un coq qui trie les grains. Il lui donne des vêtements et des bijoux pour se rendre au mariage.

6) La jeune fille, suivie par le prince, perd son soulier.

7) La marâtre fait tuer la vache, mais elle tue son double.

8) Le prince retrouve la jeune fille grâce à son soulier et il la demande en mariage.
9) Substitution de la mariée, mais le prince renvoie la méchante sœur.
10) Le div ressuscite la mère qui reçoit une maison de son gendre.

IV. REMARQUES

TTV 74.
La version a est suivie du conte type AT 707 (voir l'analyse de ce type).
La version d est suivie du conte type AT 780.
Les versions b, c, d étant élargies par rapport à la version a, les motifs supplémentaires sont classés en suivant l'ordre numérique. La version a étant la seule de ce type dans notre collection, elle a été analysée d'abord.
Dans l'étude qui suit les traductions de « Persische Märchen », A. CHRISTENSEN, à la page 303, classe la version b au type AT 403. Bien qu'il y ait une contamination entre le type AT 403 et le type AT 480, je crois néanmoins qu'il vaut mieux classer la version b au type AT 480.

NAMADI
TYPE AT 510B (CAP O'RUSHES)

I. MOTIFS

1) Un juif, qui a épousé une veuve musulmane, a une fille. La mère meurt et confie à son mari des souliers qui conviendront à sa nouvelle épouse.
2) La fille seule peut mettre les souliers, aussi son père veut l'épouser.
3) La jeune fille se cache dans un vêtement de feutre pour fuir.
4) Un prince l'aperçoit, en secret, quand elle sort de son étui ; il l'invite dans sa chambre, déchire le feutre et l'épouse.

II. VERSIONS

a) Mechêd II, 57 (Tchenârân).
b) Mechêd III, 75 (Mechêd).
c) Mechêd I, 45 (Ghoutchân).
d) LORIMER : Persian Tales, p. 86 (Kermâni Tales).
e) SOBHI : Afsânèhâ, I, p. 22.
f) SOBHI : Afsânèhâ, I, p. 106.

III. VARIANTES

b) 1) Remplacé par le type AT 311.
   2) Remplacé par le type AT 311.

3) La jeune femme se cache dans un coffre volant.

5) Un ogre, poursuit la jeune femme mais son mari le tue.

c) 1) Remplacé par le type AT 311.

    2) Remplacé par le type AT 311.

    4) Un prince l'aperçoit quand elle a quitté son étui de feutre, mais il ne sait pas qui elle est.

    5) Le prince amoureux devient malade; il la retrouve grâce à la bague qu'elle met dans son pain. Il l'épouse.

d) 1) Remplacé par le refus d'un vieux mari.

    3) La jeune fille se cache dans un lustre que son père vend à un prince.

    5) La fiancée du prince, jalouse, fait brûler le lustre; la jeune fille en sort et est abandonnée, brûlée; un vieillard la recueille.

    6) Elle retrouve le prince grâce à sa bague qu'elle met dans la soupe.

e) 1) Une bague.

    2) La fille ne veut pas épouser son beau-père.

f) 1, 2) Un roi ordonne à son fils de tuer sa sœur.

    3) Le frère n'obéit pas et cache sa sœur.

    4) Des années plus tard, le roi voit sa fille et devient amoureux d'elle. Elle fuit cachée dans une peau de mouton.

    Le frère et la sœur cueillent des feuilles magiques et se séparent. Le frère guérit une princesse.

    La sœur va chez un prince qui l'aperçoit sans sa peau de mouton et l'épouse.

    Elle fait exposer son portrait, son frère la retrouve et épouse la sœur du prince.

IV. REMARQUES

TTV 188 III, 189, 244, 245 III.

La version a se compose uniquement du conte type 510B comme le conte de Perrault «Peau d'âne».

Les versions b et c se composent des contes type AT 311 et 510B.

Les versions d et e sont aussi des contes simples.

La version f est une variante élargie du conte type AT 510. Les deux premiers motifs sont différents; elle se termine par l'épisode du portrait exposé qui est un motif que nous retrouvons dans «Les Amants de Syrie» des Mille et Une Nuits [1].

---

[1] CHAUVIN V. : BOA, V, p. 94.

LE CAVALIER NONPAREIL ET LE CHEVAL-FÉE
TYPE AT 511A (THE LITTLE RED OX)

I. MOTIFS

1) Un prince qui est gouverneur de la ville n'a qu'un fils. Il devient veuf et se remarie.
2) Le jeune prince va à la chasse et tue un lion pour sauver un poulain marin.
3) La belle-mère, jalouse, décide de tuer le poulain-fée et exige son cœur comme remède.
4) Le poulain s'envole avec le prince qui dénonce sa belle-mère.

II. VERSIONS

a) Meched I, 4 (Balkh).
b) Meched I, 14 (Neichâbour).
c) Meched II, 58 (Tchenârân).
d) CHRISTENSEN : Persische Märchen, p. 55.
e) ELWELL-SUTTON : Persian Tales, p. 11.
f) LORIMER : Persian Tales, p. 33 (Kermâni Tales).
g) SOBHI : Afsânèhâ, II, p. 49.

III. VARIANTES

b) 1) Néant.
  2) Une petite fille reçoit un poulain marin de son père.
  3) La marâtre, jalouse, exige le sang du poulain comme remède.
  4) Le poulain s'envole avec la jeune fille.
c) 1) Un commerçant veuf a un fils et se remarie avec une femme qui lui donne deux filles.
  2) Le commerçant offre un poulain marin à son fils.
  3) La marâtre essaie d'empoisonner, puis de faire tomber son beau-fils dans un puits, mais son poulain le sauve. La marâtre exige la chair du poulain comme remède.
  4) Le jeune homme s'envole sur son poulain.
d) 1, 2) Néant.
  3) La chair du poulain.
e) 1, 2) Néant.
  3) Les sœurs, jalouses de leur frère, creusent un puits, puis empoisonnent son repas, mais le poulain le sauve.
f) 3) La belle-mère exige la graisse du poulain.
g) 3) La marâtre creuse un puits et empoisonne son repas. Elle exige le cœur et le foie du poulain.

IV. REMARQUES

TTV 247.

Les versions a, c, d, e, f, g sont suivies du conte type AT 314, tandis que la version b est suivie du conte type AT 514.

LE POULAIN MARIN
TYPE AT 514 (THE SHIFT OF SEX)

I. Motifs

    1) Une jeune fille, déguisée en homme, apporte une plume magique au roi et reçoit la main de la princesse.

    2) Elle part à la recherche de l'oiseau magique; elle change de sexe dans le jardin enchanté et ramène l'oiseau.

    3) Véritable mariage et explication de la vérité.

II. Versions

    a) Meched I, 14 (Neichâbour).

IV. Remarques

TTV 97, 374 III.

Cette version a suit la version b du conte type AT 511A.

LE LION D'OR
TYPE AT 516 (FAITHFUL JOHN)

I. Motifs

    1) Un roi qui n'a pas d'héritier reçoit une pomme d'un derviche et son vizir aussi. Le roi et le vizir ont chacun un garçon; leurs fils deviennent amis.

    2) Les deux amis partent en voyage. Le prince devient amoureux d'une princesse. Les deux amis se déguisent en orfèvres pour l'approcher.

    3) Le vizir conduit le prince, caché dans un lion d'or, dans la chambre de la princesse qui l'aime, mais doit épouser son cousin.

    4) Le vizir se cache dans le lion, puis donne sa place à la jeune princesse et revêt ses vêtements; puis il tue le fiancé. Les trois amis s'enfuient.

    5) Les fugitifs s'endorment mais le vizir écoute la conversation et les conseils de trois colombes : la mère du fiancé va les poursuivre. Pour l'éviter, il faut : tuer un cheval blanc, un beau jeune homme, une mouche dans la chambre nuptiale et surtout garder le secret.

    6) Le vizir réalise ces trois exploits, mais au moment de tuer la mouche, le prince se méprend sur ses intentions. Pour se justifier, le vizir est obligé de dire la vérité et il est pétrifié.

    7) Le derviche sacrifie le nouveau-né du prince, son sang inonde la pierre, le vizir ressuscite.

    8) Le derviche épouse une princesse en récompense.

II. Versions

   a) Meched III, 68 (Bodjnord).

IV. Remarques

   TTV 125 V, 214.
   Le motif 1 de la version a est ajouté aux motifs du type classé dans
   AT 516. Le conte d'Amicus et Amelius se compose de motifs presque
   semblables [1].

LE PUITS ENCHANTÉ
TYPE AT 516B (THE ABDUCTED PRINCESS)

I. Motifs

   1) La princesse, en se promenant, avec le prince, perd son soulier
      que le courant de la rivière emporte.
   2) Un roi trouve ce soulier et envoie une sorcière dans un coffre volant;
      celle-ci coupe la tête du prince et enlève la princesse qu'elle amène
      au roi.
   3) Fidèle à son amour, la princesse refuse d'épouser le roi.
   4) Le prince, ressuscité par son vizir, retrouve la princesse et se fait
      reconnaître d'elle en mettant son anneau dans un bol.
   5) La princesse s'envole avec le prince sur un cheval magique, accompa-
      gnés de la sorcière qu'ils jettent dans les airs.
   6) Mariage du prince et de la princesse.

II. Versions

   a) Meched III, 63 (Torbat-Heydariè).
   b) Amini : Si Afsânè ..., p. 16 (Ispahan).
   c) Amini : Si Afsânè ..., p. 17 (Ispahan).
   d) Elwell-Sutton : Persian Tales, p. 112.
   e) Lorimer : Persian Tales, p. 269 (Bakhtiâri Tales).
   f) Sobhi : Afsânèhâ-yé kohan, II, p. 54.
   g) Sobhi : Afsânèhâ-yé kohan, II, p. 59.

III. Variantes

   b, c, e, f, g, h) 1) Néant.
        2) Un roi envoie une entremetteuse qui vole l'anneau magique et
           la princesse.
        4) Grâce à ses animaux, le héros reprend l'anneau magique.
        5) Le héros ramène la princesse, tue son rival ainsi que la méchante
           entremetteuse.

[1] Chauvin V. : BOA VIII (Syntipas), n° 235, p. 194.

d) 1) Un prince et une fée.

    4) Grâce aux conseils de trois pigeons, le vizir recolle la tête du prince avec des feuilles et s'entoure les pieds d'une écorce magique. Il retrouve la princesse en mettant un anneau dans une cruche.

    5) Ils s'envolent sur deux chevaux magiques.

IV. REMARQUES

Dans les versions a et d, le type AT 516B complète le type AT 401. Dans les versions b, c, e, f, g, le type AT 516B est simplifié et modifié, il complète le type AT 560.

[LES TROIS PRINCES ET LE DIV BLANC]
TYPE AT 550 ET 551 (THE SONS ON A QUEST FOR A WONDERFUL REMEDY FOR THEIR FATHER)

  I. MOTIFS

    1) Trois princes partent à la recherche d'un médicament, détenu par un div, pour guérir les yeux de leur père.

    2) Les deux aînés, trop orgueilleux, reçoivent les malédictions des cultivateurs et ils sont emprisonnés par le div.

    3) Le cadet, aidé par les cultivateurs, reçoit le médicament du div et la main de sa fille.

    4) Le cadet ramène le médicament et sa femme; il délivre ses deux frères.

  II. VERSIONS

    a) Meched I, 43 (Meched).
    b) Meched I, 7 (Bodjnord).
    c) AMINI : Si Afsânè ..., p. 86 (Ispahan).
    d) CHRISTENSEN : Persische Märchen, p. 20.

  III. VARIANTES

    b) 1) Deux princes et leur sœur partent à la recherche de l'eau de la source d'or, la chair de l'oiseau qui parle et la feuille de l'arbre qui chante, remèdes pour guérir leur père.

      2) Les deux frères échouent et sont pétrifiés, mais la princesse réussit.

      3) Elle rapporte les remèdes.

      4) Elle ressuscite ses frères et guérit son père.

    c) 1) Trois princes vont chercher une femme pour leur père.

      3) Le cadet réussit car il s'empare d'une main magique, met des os

devant les chiens et de la paille devant l'âne. Il enlève quatre jeunes filles, épouse la cadette, en ramène deux pour ses frères et une pour son père.

5) Les frères jaloux le jettent dans un puits d'où il est sauvé par sa femme.

6) Les frères jaloux l'accusent auprès de leur père, mais il se justifie. Puis il leur pardonne; on célèbre les quatre mariages.

d) 1) Quête du cœur du poisson qui a un anneau d'or à la queue.

2) Les aînés échouent, le cadet réussit, mais il libère le poisson, car la profession de foi de l'islam est écrite sur son front. Quête d'un autre remède pour guérir son père : la fleur et l'oiseau qui chantent.

3) Le cadet est aidé par des inscriptions; il tue une sorcière déguisée en jeune fille, une sorcière déguisée en main magique et une sorcière qui a ensorcelé la princesse des fées dont il devient amoureux.

4) Il charme des divs qui l'aident et il rapporte l'oiseau et la fleur qui chantent.

5) Les aînés volent l'oiseau, mais il ne chante plus.

6) Le cadet revient, la vérité est dévoilée. Il épouse la princesse des divs et la princesse des fées.

IV. Remarques

TTV 81.

Le motif de la main magique qui apparaît, au motif 3 de la version c et au motif 3 de la version d, se retrouve au motif 1 de la version a du type AT 894 (La Pierre Patiente).

Le motif des os et de la paille qu'il faut remettre à leur place du motif 3 de la version c, se retrouve dans le motif 9 des versions a et b du type AT 425 (Le Sultan Serpent).

« La Reine de Beauté » publié par P.-N. Boratav[1] se compose de motifs semblables :

1) Trois princes partent à la recherche de la poussière de terre qui doit guérir la cécité de leur père.

2) Les deux aînés échouent.

3) Le cadet trouve l'aile d'un oiseau qu'il offre au roi. Celui-ci l'envoie chercher l'oiseau merveilleux; le cadet rapporte l'oiseau, puis le palais d'ivoire, puis la Reine de Beauté et la terre qui guérit son père.

4) Après avoir épousé la Reine de Beauté, le cadet guérit son père.

Le motif 3 rappelle le motif 2 de la version a du type AT 514, ainsi que les motifs 4 et 5 du type 725 (versions b et c).

---

[1] Boratav P.-N. : Contes Turcs, p. 97.

L'ANNEAU MAGIQUE
TYPE AT 560 (THE MAGIC RING)

I. MOTIFS

1) Un garçon, qui a un chat, achète un coffre avec tout l'argent qu'il possède.

2) Une princesse, cachée dans la peau d'un serpent, sort du coffre et lui donne le conseil de demander à son père, comme récompense, le pied magique de son narguilé.

3) Le garçon reconduit la princesse et le roi lui donne le pied magique de son narguilé.

4) Il construit un château au moyen de ce pied de narguilé, mais il l'échange contre un anneau magique.

5) Grâce à l'anneau, il récupère le pied de narguilé et il reconstruit le château.

6) La princesse s'empare de l'anneau et le cache sous sa langue.

7) Le garçon récupère l'anneau grâce à son chat qui oblige une souris à chatouiller avec sa queue la narine de la princesse pendant son sommeil. La princesse éternue et crache l'anneau.

8) Le chat rapporte l'anneau à son maître qui épouse la princesse.

II. VERSIONS

a) Meched I, 9 (Bodjnord).

b) AMINI : Si Afsânè ..., p. 16 (Ispahan).

c) AMINI : Si Afsânè ..., p. 17 (Ispahan).

d) LORIMER : Persian Tales, p. 269 (Bakhtiâri Tales).

e) SINCLAIR-MEHDEVI : Persian Folk and Fairy Tales, p. 6.

f) SOBHI : Afsânèhâ-yé Kohan, II, p. 54.

g) SOBHI : Afsânèhâ-yé Kohan, II, p. 69.

III. VARIANTES

b) 1) Un garçon est si paresseux qu'il attend que les abricots tombent de l'arbre dans sa bouche; il achète un chat, un couple de pigeons et un coffre.

2) Il reçoit le sceau du roi Salomon, père de la princesse, qu'il cache sous sa langue.

4) Le garçon voit la fille du roi et envoie sa mère demander la main de la princesse.

Le roi exige une charge de chameau de perles grosses comme des œufs, un palais d'or et d'argent, des souliers comme des bijoux, puis il accorde la main de sa fille.

5, 6, 7, 8) Sont remplacés par le type AT 516B.

c) 1) Idem et un chien.

2) Une esclave noire sort de la peau du serpent et conseille au

garçon de la ramener dans la boutique du marchand qui possède le grain magique de Salomon, donné au Prophète, qu'il faut conserver sous la langue.

4, 5, 6, 7, 8) Sont remplacés par le type AT 516B.

d) 1) Un garçon achète trois conseils : ne pas sortir quand il y a des nuages dans le ciel, en hiver : acheter un pigeon, un chien et un chat qui sont à vendre; ne confier à personne les conseils reçus et ne pas laisser une femme étrangère entrer chez soi. Le garçon suit les deux premiers conseils, il voit en rêve l'anneau de Salomon qu'il trouve, le lendemain, dans un vieux vêtement.

2, 3) Néant.

4) Il construit un château et épouse la fille du roi auquel il offre cinq cents chameaux, chargés de joyaux, chevauchés par des esclaves noires et blanches et cinq cents cavaliers d'escorte.

5, 6, 7, 8) Sont remplacés par le type 516B.

e) 1) Un garçon dépense trois fois la somme de cent dirhams pour acheter un chat, un chien et un coffre contenant un serpent.

2) Le fils du roi des serpents conseille de demander à son père l'anneau magique de Salomon.

4) Le garçon, grâce à cet anneau magique, construit un château, épouse une princesse mais oublie d'inviter une vieille fileuse à sa noce; la vieille lui porte malheur.

5, 6, 7, 8) Sont remplacés par le type AT 516B et un motif supplémentaire : le héros jette l'anneau à la mer.

f) 2) Le serpent conseille au héros de demander à son père, le roi des serpents, le sceau de Salomon.

3, 4, 5, 6, 7, 8) Le héros offre des cadeaux merveilleux au roi pour obtenir la main de la princesse. La fin du conte est remplacée par le type AT 516B.

g) 1) Les deux fils d'un roi se partagent l'héritage de leur père; le cadet gagne de l'argent, mais l'aîné dilapide tout. Il vend la bague de sa femme pour acheter un chat, un chien, un perroquet et un serpent.

2) Le serpent le conduit chez son père.

3) Le père du serpent lui offre un anneau magique.

4) Le héros fait construire un château pour la princesse et lui offre des cheveux d'or. Un cheveu s'envole, un roi étranger le trouve.

5, 6, 7, 8) Sont remplacés par le type AT 516B.

9) La première femme revient et la princesse accepte d'être la seconde femme. L'une accouche d'une fille et l'autre d'un garçon que l'on marie quand ils sont grands.

IV. Remarques

TTV 58, 176 V, 180 III, 215 III.

Sobhi [1] fait remarquer que malgré la valeur de leur ouvrage, les Lorimer n'auraient pas dû classer les contes en deux catégories: «Kermâni» et «Bakhtiâri», car leurs thèmes se retrouvent d'un bout à l'autre de l'Iran. Sobhi ajoute: «Ainsi que bien d'autres thèmes dont les auteurs n'ont pas eu connaissance et dont certains se sont transmis en Europe et sont considérés comme des contes nationaux européens».

La critique de Sobhi me paraît injustifiée; en effet, en indiquant le lieu de collecte d'une version, les auteurs n'excluent nullement qu'une ou plusieurs autres versions puissent exister dans un autre lieu. Ils citent aussi deux variantes d'un même thème: l'une «Kermâni» p. 108 et l'autre «Bakhtiâri» p. 251.

Dans une intéressante monographie sur le type AT 564, Asmussen [2] fait une comparaison avec une version du type AT 560. Il cite la version inédite en langue Awromâni, intitulée «Lazy Hama» dont les motifs sont les suivants:

1) Un garçon paresseux achète un coffre.
2) Un serpent, fils du roi des serpents, sort du coffre et offre un anneau magique, en reconnaissance.
4) Il échange l'anneau contre une gourde magique dont il sort un esclave qui met les ennemis en pièce.
5) Grâce à la gourde, il récupère l'anneau.
6, 7) Néant.
8) Il épouse la princesse et devient roi.

Cette version est très proche de celles qui sont analysées au paragraphe «Variantes», mais elle ne possède ni le motif de la princesse qui s'empare de l'anneau ni la contamination avec le conte AT 516B qui se retrouve dans toutes les versions persanes analysées sauf dans la version a.

Le motif 1 de la version d est une contamination du conte type AT 150 (Advice of the fox). Un exemple littéraire de ce type est célèbre, car ce conte type AT 150 est conté par Mowlavi dans le quatrième livre du Masnavi; le même sujet se retrouve aussi en Ukraine [3].

Le motif 1 de la variante d se rapporte à AT 910 (TTV 308).

---

[1] Sobhi : Afsâhèhâ-yé Kohan, II, p. 76.
[2] Asmussen J. P. : Remarks on some ..., p. 230.
[3] Sobhi : Influence des Contes ..., pp. 119-121.

AHMAD LE PUISEUR D'EAU ET LA FILLE DU MARCHAND
TYPE AT 560, I ET II (THE MAGIC RING)

I. Motifs

1) Un jeune puiseur d'eau devient amoureux de la fille d'un riche marchand.
2) Le puiseur d'eau sauve une grenouille qui, par reconnaissance, lui donne des conseils.
3) Il achète un miroir, un bougeoir et un flacon de khôl; grâce à ses objets, il charme une goule dont il saisit un cheveu rouge.
4) Grâce au cheveu rouge, il trouve un trésor caché dans un puits et est servi par un éfrit.
5) Le puiseur d'eau devenu riche, épouse la jeune fille qu'il aime.

II. Versions

a) Meched I, 44 (Meched).
b) Sobhi : Afsânèhâ-yé Kohan, I, p. 75.

III. Variantes

b) 1) Un vieux paysan, en mourant, donne des conseils à son fils qui ne les suit pas; il perd tous ses biens sauf un petit champ.
2) Le paysan est ennuyé par un corbeau entêté qu'il attrape, puis relâche. Le corbeau reconnaissant lui confie une plume qu'il doit laisser emporter par le vent en cas de nécessité.
3) Grâce à la plume, il vainc un div; il reçoit du blé et la poule aux œufs d'or.

IV. Remarques

Les motifs III et IV du type AT 560 manquent.
Le conte b est complexe; il est suivi d'une variante du conte type AT 563.
TTV 58, var. 1, mot. 1-3.

LE PETIT RAHIM
TYPE AT 563 (THE TABLE, THE ASS, AND THE STICK)

I. Motifs

1) Un pauvre tailleur est obligé de travailler, comme bûcheron, dans la forêt à cause de l'injustice du chef du village.
2) Le fils du tailleur, en traversant une rivière, rencontre des nains

qui lui offrent des souliers magiques; l'un permet d'être invisible et l'autre la réalisation de tous ses désirs.

3) Grâce à ses souliers magiques, le garçon peut punir le méchant chef du village et offrir un bon repas à ses parents.

II. Versions

a) Meched I, 32 (Meched).

LE RÉCOMPENSE D'UN BIEN NE PEUT ÊTRE UN MAL
TYPE AT 613 (THE TWO TRAVELERS; TRUTH AND FALSEHOOD)

I. Motifs

1) Un voyageur, à cheval, a pitié d'un pauvre piéton. Il lui offre de partager sa monture mais le pauvre s'enfuit en volant les biens du riche et en l'abandonnant dans un désert.

2) Le voyageur se réfugie dans une caverne. Il y entend la conversation d'un renard, un loup et un dragon dont il surprend les secrets.

3) Grâce au premier secret, il trouve des bijoux; grâce au deuxième secret, il trouve la cervelle d'un chien qui guérit la folie de la fille du roi qu'il épouse, puis il règne; grâce au troisième secret, il trouve un trésor.

4) Le nouveau roi rencontre le voleur et lui confie les secrets. Le voleur va dans la caverne mais les animaux le dévorent.

II. Versions

a) Meched III, 84 (Meched).
b) Meched I, 1 (Meched).
c) Meched III, 80 (Meched).
d) Meched IV, 99 (Meched).
e) Lorimer : Persian Tales, p. 160 (Kermâni Tales).
f) Sobhi : Afsânèhâ, I, p. 46.
g) Sobhi : Afsânèhâ, I, p. 53.

III. Variantes

b) 1) Deux frères sont séparés par une tempête.
2) Conversation d'un sanglier, un loup et un lion.

c) 2) Dieu envoie au voyageur abandonné du pain et des pierres précieuses. Conversation d'un lion, une panthère et un renard.

d) 2) Conversation d'un chien et d'un renard.
4) Néant.

e) 1) Deux derviches se séparent. Le derviche appelé « Routes » rencontre « Raccourcis ». Il lui mange son pain et puis s'enfuit.

2) «Routes» arrive dans un caravansérail abandonné. Conversation d'un renard, un léopard, un loup et un chacal.

3) Grâce au premier secret, il trouve un trésor caché sous une pierre noire; grâce au deuxième secret, il trouve un trésor caché près d'un ruisseau; grâce au troisième secret, il trouve la cervelle d'un chien qui garde un troupeau de moutons noirs, sauf un seul, qui a une étoile blanche sur le front; cette cervelle guérit la folie de la fille du roi qu'il épouse, il règne; grâce au quatrième secret, il trouve mille pièces d'or devant le trou d'une souris.

4) Idem, mais on cite le proverbe : «No gains without pains». Il n'y a pas de raccourci pour réussir.

f) 2) Conversation d'un loup, un lion et une panthère dans un moulin.

g) 1) Deux voyageurs partagent les provisions de l'un; l'autre ne partage rien, lui vole ses biens, le rend aveugle et l'abandonne.

2) L'aveugle est recueilli par la fille du chef du village qui le conduit chez son père. Il le guérit.

3) Le voyageur part et entend la conversation de deux pigeons qui lui indiquent la feuille dont la tisane guérira la folie de la fille du roi, qu'il épouse, puis il règne.

4) Le nouveau roi rencontre, à la chasse, le voleur qui est tué par le chef du village devenu ministre.

IV. Remarques

TTV 67, 253, 272 IV.

Le titre de la version a est exceptionnel, il n'est pas traditionnel.

Les versions c et d sont intitulées : Mard o Nâmard (Brave et Vil).

La version e est intitulée : Roads and Shortcuts (Routes et Raccourcis). Le texte original n'étant pas publié, je suppose qu'il s'agit de la traduction du persan : Râh o Nimrâh (râh : chemin, voie, route, mais aussi au sens adjectif : droit, fidèle, honnète, et nimrâh : demi-chemin, mais aussi au sens adjectif : inconstant selon l'expression courante «rafigh-é nimrâh» : camarade inconstant [1]). Je crois donc qu'il faudrait traduire le titre par : Fidèle et Inconstant. Le proverbe de conclusion de cette version e ne cadre pas avec l'histoire.

La version f est intitulée : Râh o Birâh (Droit et Fourbe) et la version g : Kheyr o Char (Bonté et Méchanceté).

Sobhi nous informe qu'il connaît de nombreuses versions de ce type. Il a raconté cette histoire, à la radio de Téhéran, en 1318/1940 [2].

Ce conte est très connu dans le Khorassan, mais aussi dans les autres régions d'Iran.

---

[1] Haïm S. : New Persian-English Dictionary, II, p. 1136, Téhéran.
[2] Sobhi : Afsânèhâ, I, p. 53.

Une version littéraire est donnée par HATIFI (1520) dans « Heft Menzer » où le poète chante les exploits de Bahrâm Gour [1].

Ce récit s'intitule « Khayr o Char », il se compose des motifs suivants :

1) Deux voyageurs partent ensemble. Khayr est aveuglé par Char quand il n'a plus de provisions et il est dévalisé par lui.
2) L'aveugle est recueilli par la fille d'un berger ; le berger guérit sa cécité. Il épouse sa fille.
3) Khayr guérit la fille du roi et l'épouse.
4) Il retrouve Char et lui pardonne.

Cette version est presque identique à la version g et porte le même titre.

LA PEAU DE LA PUCE
TYPE AT 621 (THE LOUSE-SKIN)

I. MOTIFS

1) Un roi piqué par une puce, l'attrape, la fait grandir et quand elle atteint la taille d'un bœuf, il la tue et fait pendre sa peau à la porte de la ville.
2) Le roi décide de donner sa fille en mariage à celui qui devinera à quel animal appartient cette peau.
3) Un div apprend le secret que le vizir confie à sa femme durant la nuit et par cette ruse, il obtient la main de la princesse.

II. VERSIONS

a) Meched I, 29 (Meched).

IV. REMARQUES

TTV 152 III, 153 III, 212 III.
La version a est suivie du conte type AT 313H* (Flight from the witch). La princesse arrive donc à échapper au div qu'elle ne veut pas épouser.

MARIAGE DE CHAH ABBAS
TYPE AT 653 (THE FOUR SKILLFUL BROTHERS)

I. MOTIFS

1) Le premier jeune homme connaît la magie, le deuxième comprend le langage des oiseaux, le troisième sait bien manier l'épée.
2) Le premier magicien ressuscite les habitants pétrifiés d'une ville.
3) Le deuxième magicien écoute les paroles d'un oiseau qui lui apprend

[1] CLOUSTON W.-A. : Popular Tales and Fictions, pp. 257-259. London, 1887.

que son chemin est indiqué sur une tablette qu'il déchiffre; il connaît ainsi la cachette du flacon de vie du démon.

4) Le troisième magicien casse le flacon de vie du démon et délivre la jeune fille, ensorcelée, pendue à une branche.

5) Lequel des trois magiciens sera l'époux de la jeune fille?

II. Versions

a) Meched III, 72 (Meched).

IV. Remarques

TTV 291.

Mariage de Châh Abbâs se compose du récit-cadre nº 1 dans lequel est inséré le récit-cadre nº 2 qui inclut les contes type AT 1419E + 1351 + 1420D + 653A + 653.

Le motif 4 de la version a est à rapprocher du motif III du conte type AT 302.

MARIAGE DE CHAH ABBAS
TYPE AT 653A (THE RAREST THING IN THE WORLD)

I. Motifs

1) Le premier ami possède un tapis volant; le deuxième une coupe magique, et le troisième est médecin.

2) Le deuxième voit dans sa coupe que la fille du roi est malade.

3) Tous trois s'envolent sur le tapis volant.

4) Le troisième guérit la princesse.

5) Lequel mérite la main de la princesse, en récompense?

II. Versions

a) Meched III, 72 (Meched).
b) Meched I, 24 (Sarâsiâb).
c) Amini : Si Afsânè ..., p. 31 (Ispahan).

III. Variantes

b) 1) Trois frères sont amoureux de leur cousine.
    2) L'aîné possède le tapis volant; le puîné, le miroir magique; le cadet, la coupe dont l'eau guérit.

c) 1) Les trois fils du vizir.
    2) Ils possèdent le tapis volant, le livre magique, le sac magique.

IV. Remarques

La version a est une partie du conte à tiroirs : Mariage de Châh Abbâs (v. AT 653).

La version b est un conte simple.

La version c + AT 945 + AT 976 forment la version b du récit-cadre n° 1.

Le motif 1 de la version b est repris au début du conte complexe intitulé « Le Chauve Malin » (Meched III, 81) qui se compose des types AT 655A + 655 + 559 + 1654.

L'origine du type AT 653A est probablement indienne, car ce thème se retrouve dans les « 25 Histoires d'un Vampire », dans le « Siddhi Kür », ainsi que dans « L'histoire du Prince Ahmad et de la Fée Peri Banou » des Mille et une Nuits [1].

[LE CHAUVE MALIN]
TYPE AT 655 (THE WISE BROTHERS)

I. Motifs

1) Trois princes devinent que le riz a été cultivé dans un cimetière, que la viande est celle d'un chien, que le juge est un bâtard.

II. Versions

a) Meched III, 81 (Meched).

IV. Remarques

TTV 347 III, 348.

La version a fait partie d'un conte complexe (v. AT 653A). Elle diffère du conte type classé dans AT, car ce n'est pas la viande qui a un goût de cadavre, mais le riz; c'est un juge et non un roi qui est bâtard.

[LE CHAUVE MALIN]
TYPE AT 655A (THE STRAYED CAMEL AND THE CLEVER DEDUCTIONS)

I. Motifs

1) Trois princes devinent que l'herbe a été broutée par un chameau borgne qui portait du vinaigre; qu'une femme enceinte est passée.
2) Un berger leur réclame le chameau et les accuse devant le juge.

II. Versions

a) Meched III, 81 (Meched).

---

[1] Delarue P. et Teneze M.-L. : CPF, II, p. 559.

IV. Remarques

La version a fait partie d'un conte complexe (v. AT 653A).
Le motif 1 diffère du motif type classé dans AT, car le chameau n'est pas boîteux, ne porte pas d'huile et a une queue.

CHAH TAHMASP

TYPE AT 681 (KING IN THE BATH)

I. Motifs

1) Un roi, transporté dans une forêt inconnue, par un oiseau merveilleux, devient derviche sur le conseil du prophète Khezr.
2) Le roi-derviche devient commerçant et revient dans sa ville natale avec sa jeune épouse; il monte sur son trône et comprend la valeur relative du temps et la vanité du monde.

II. Versions

a) Meched II, 52 (Tchenârân).

IV. Remarques

On pourrait comparer le motif 1 à la légende du capitaine, transformé en vautour qui vole trois jours et trois nuits, sans pouvoir s'arrêter[1]. Comme dans la légende d'Étana[2], le héros regarde la terre quand l'aigle l'emporte dans les airs et la compare à des objets petits, s'il est très haut dans le ciel, à des objets plus grands, quand l'oiseau descend. Le prophète Khezr, qui guide le héros à trouver son chemin et lui conseille de mendier comme un derviche, joue aussi le rôle de guide dans le conte de « La Jeune Fille Mongole »[3]. Ce conte est l'un des plus intéressants que nous ayons rassemblés, car il est tout spécialement marqué par « l'esprit derviche » qui est encore si vivant parmi les Iraniens. Il est harmonieusement conté en langue populaire par Mochallâh Khânoum, conteuse experte qui respecte la tradition orale, car elle est illettrée.

---

[1] CHRISTENSEN A. : Persische Märchen, p. 272, cite le Yascht 5, 61-66, traduction LOMMEL, Göttingen-Leipzig, 1927.
[2] DELARUE P. : CPF, I, p. 236.
[3] KOUHI : Pânzdah Afsâné ..., p. 72, traduction MASSE H. : Croyances et Coutumes Persanes, p. 441.

CHAH TAHMASP
TYPE AT 706 (THE MAIDEN WITHOUT HANDS)

I. Motifs

1) En mendiant, un roi, devenu derviche, reçoit les boucles d'oreilles d'une jeune fille dont le père lui coupe les mains pour la punir de ce don.
2) La jeune fille épouse un prince et retrouve ses mains grâce à un miracle.
3) Le roi-derviche reçoit l'héritage de la jeune fille et épouse sa sœur adoptive.

II. Versions

a) Meched II, 52 (Tchenârân).

IV. Remarques

Les motifs 1 et 2 correspondent aux motifs I, II et IV du conte type AT 706; le motif III est absent.

MEHRAB CHAH ET LES TROIS SŒURS
TYPE AT 707 (THE THREE GOLDEN SONS)

I. Motifs

1) Un roi et un prince surprennent la conversation de trois sœurs qui font des souhaits.
   La première veut tisser pour son mari un tapis si grand que les dignitaires du royaume ne pourraient en occuper que la moitié.
   La deuxième veut préparer un plat qui nourrirait toute l'armée et tiendrait dans une coquille d'œuf.
   La cadette veut donner à son mari une fille aux cheveux d'or et un garçon aux dents de perles.
2) Les trois sœurs sont épousées par le prince.
   L'aînée met des aiguilles dans son tapis pour que les dignitaires le laissent inoccupé. La puînée met du poison dans le mets qu'elle prépare et chaque soldat recrache ce qu'il mange. Le prince les répudie.
   La cadette met au monde une fille aux cheveux d'or et un garçon aux dents de perles.
3) Les sœurs jalouses remplacent les nouveaux-nés par des chiens et jettent à la mer les jumeaux enfermés dans une boîte. La cadette est bannie.
4) Un ermite trouve les enfants; une gazelle les nourrit; un cheval marin blanc les aident.

5) Les enfants vont en ville ; le frère cherche l'arbre aux fleurs qui rient, la robe merveilleuse et la princesse des fées qu'il épouse.

6) La fée révèle la vérité au roi qui retrouve ses enfants et pardonne à sa femme.

II. Versions

a) Meched III, 74 (Torbat-Heydariè).

b) Lorimer : Persian Tales, p. 58 (Kermâni Tales).

c) ADF : n° 7 (Khoy).

d) ADF : n° 8 (Mâkou).

III. Variantes

b) 1) Néant.

2) Un roi épouse la cadette qui accouche d'une fille au visage de lune et d'un fils aux cheveux d'or.

3) Les sœurs jalouses jettent les enfants à la rivière et le roi fait attacher la cadette à un pilori ; chaque jour il lui lance une pierre.

4) Un foulon élève les enfants.

5) Néant.

6) Les enfants lancent des roses à leur mère, le roi apprend la vérité, il délivre sa femme et punit ses sœurs.

c) 1) Un pauvre père perd ses quatre filles.

2) Un roi les épouse. La première met au monde des jumeaux, la deuxième tisse un tapis, la troisième prépare du riz dans une coquille d'œuf, la quatrième tisse une étoffe.

3) Les enfants sont jetés à la rivière.

4) Un paysan élève les enfants.

5) Néant.

6) Lorsqu'ils ont quinze ans, il les conduit au roi qui les reconnaît ; la reine reprend sa place.

d) 1, 2) Néant.

3) La deuxième épouse d'un roi met au monde des jumeaux.
La première épouse stérile est jalouse, elle remplace les jumeaux par des chiens et les abandonne dans le désert.

4) Un berger élève les enfants.

5) Les enfants reviennent en ville ; la femme jalouse charge sa nourrice de convaincre la sœur qui envoie son frère chercher le chien jaune, la jument aux quarante poulains, la princesse des fées. Il les ramène, grâce à un vieillard, et épouse la fée.

6) Idem. Le roi tue la femme jalouse et sa nourrice.

IV. Remarques

TTV 239 cf. 223, 306 III.

La version a suit le conte type AT 510.

Les versions b, c, d sont des contes simples.

Le motif 1 de la version a : le héros entend les souhaits de trois sœurs, se retrouve aussi dans le motif 1 des versions f, g, h, i du conte type AT 879.

Le motif 5 de la version a : quête d'objets magiques, est un motif que nous retrouvons aussi dans les types AT 514, 550 et 725.

ESKANDAR
TYPE AT 708 (THE WONDER-CHILD)

I. MOTIFS

1) La reine met au monde un être informe.
2) Le roi, furieux, enferme l'enfant dans une boîte qu'il jette à la mer et il bannit la reine.
3) Une vieille recueille l'enfant et aussi la reine.
4) L'enfant grandit ; il attaque son père qu'il vainc ; il règne et réhabilite sa mère.

II. VERSIONS

a) Meched III, 90 (Meched).

IV. REMARQUES

Les motifs 2 et 3 se retrouvent dans les contes type AT 707 et AT 938.

YAGHOUT
TYPE AT 709 (SNOW-WHITE)

I. MOTIFS

1) Un roi épouse sa cousine qui meurt en mettant au monde une fille.
2) Le roi se remarie ; la belle-mère est jalouse de la jeune fille qu'elle perd dans le désert.
3) Des divs recueillent la jeune fille.
4) La belle-mère la retrouve et l'empoisonne.
5) Les divs croient que la jeune fille est morte, mais elle est évanouie.
6) Un paysan la trouve et la conduit chez le roi qui lui donne la main de la princesse.

II. VERSIONS

a) Meched I, 34 (Meched).
b) Meched I, 13 (Neichâbour).

III. Variantes

   b) 1) Un paysan se remarie.
     4) La belle-mère voit le bonheur de la jeune fille en rêve, elle plante une arête empoisonnée sur le seuil et la jeune fille s'y pique le pied.
     5) La laveuse des morts retire l'épine et la jeune fille revient à elle.

IV. Remarques

TTV 60 IV, 152 IV, 167.
Ce thème est semblable à celui de Blanche-Neige, bien que les attributs magiques soient différents.
La version b est suivie du conte type AT 1164 (version b).
E. Cosquin analyse en détails ce type dans une monographie sur deux contes maures; il est intitulé aussi : El Iaqouta [1].

[LE MOINEAU MALIN]
TYPE AT 715A (THE WONDERFUL COCK)

I. Motifs

   1) Un moineau se pose sur le toit du palais; le roi le fait attraper en enduisant la terrasse avec de la glu.
   2) Le roi avale le moineau et l'expulse vivant. Le moineau s'envole.

II. Versions

   a) Meched III, 95 (Meched).
   b) Sobhi : Afsânèhâ-yé Kohan, I, p. 90.

III. Variantes

   b) 2) Le roi l'avale et le vomit, puis il met l'oiseau dans une cage d'or.

IV. Remarques

TTV 33.
Les versions a et b suivent les versions a et b du conte type AT 1635.

HASSAN LE TEIGNEUX [2]
TYPE AT 725 (THE DREAM)

I. Motifs

   1) Un homme rêve qu'un chauve a une étoile sur l'épaule gauche et la lune sur l'épaule droite.

---

[1] Cosquin E. : Les Contes Indiens et l'Occident — Petites Monographies Folkloriques à propos de Contes Maures recueillis à Blida par M. Desparmet, Paris, 1922.
[2] Teigneux : en persan « katchal » est parfois employé pour « kal » : chauve.

2) Le chauve s'endort au pied d'un château; une princesse le prend pour son amoureux, fuit avec lui et l'épouse.

3) Le chauve trouve une gemme magique qu'il vend au roi; ce dernier l'oblige à lui en apporter d'autres. Ces gemmes sont des gouttes de sang d'une fille suppliciée par un div que le chauve tue; il épouse la jeune fille et ramène les gemmes au roi.

4) Les ministres jaloux, l'envoient chercher le pommier aux fruits qui rient et le pommier aux fruits qui pleurent. Il réussit aussi.

II. Versions

a) Meched III, 64 (Gonâbâd).
b) Meched III, 70 (Meched).
c) Meched II, 46 (Tchenârân).
d) Masse H. : Contes en Persan Populaire, n° XXIX.

III. Variantes

b) 1) Néant. Remplacé par : Un marchand a trois fils. Les deux aînés dilapident l'argent, le cadet est économe et sage, aussi il hérite de son père une montre-automate représentant un paon; les deux aînés se ruinent.

2) Néant. Remplacé par : Voyage des trois frères; les aînés abandonnent le cadet et volent ses biens sauf le paon.

3) Le cadet offre le paon à un sultan et devient son favori.
Les ministres jaloux l'envoient chercher un trône incrusté de brillants rouges, de topazes vertes, d'émeraudes blanches et de rubis jaunes. Un ermite l'aide et lui offre une canne magique. Une méchante magicienne le transforme en guenon, mais sa gentille sœur le sauve. Il retourne chez l'ermite qui lui donne un talisman et un remède contre la folie. Il guérit un prince de la folie et épouse la gentille magicienne qui est la nièce du prince. Avec son aide, monté sur un éfrit, esclave de sa bague magique, il apporte le trône au sultan.

4) Il rapporte les quatre arbres à la pluie d'or. Il est transformé en vieillard par la méchante magicienne, mais sauvé par son oncle.

c) 1) Un apprenti-tailleur rêve mais il refuse de raconter son rêve, même au roi qui le fait jeter au fond d'une oubliette.

2) Le tailleur y trouve un jardin enchanté et une fée lui donne des conseils.

3) Grâce à la fée, il peut répondre aux questions du roi : la tête d'un bâton flotte quand on l'attache au milieu. Il reconnaît les femmes des hommes cachés sous le tchâdor, car, pour entrer, elles posent d'abord le pied gauche et les hommes, le pied droit.

4) Le tailleur devient le gendre du roi, la princesse accouche d'un fils;

le tailleur va combattre un roi ennemi. La fille du roi ennemi l'aime et lui confie qu'il doit répondre qu'il veut du fil de pierre et des aiguilles de neige quand son père lui demandera un habit de feuilles. Le tailleur épouse la fille du roi ennemi qui lui donne une fille.

Réconciliation des deux rois.

Explication du rêve : dans l'herbe verte, je vois une baleine que je saisis, la lune descend sur mon épaule droite, une étoile sur mon épaule gauche.

Herbe = jardin; baleine = richesse; lune = un fils; étoile = une fille.

d) 1, 2) Néant.

   3) Un chauve, ramasseur de broussailles, trouve, en hiver, une rose sur la rivière et l'offre au roi. Le chauve se marie, mais le roi lui demande encore trente-neuf roses; le chauve en trouve sept et est entraîné par le courant. Il découvre un jardin enchanté et une jeune fille dont la tête est coupée et recollée par un div. Le chauve se fait transporter, avec la jeune fille, dans son pays par le div. Il brise le flacon de vie du div qui se trouve dans le ventre d'un poisson, couleur d'or, qui nage dans un bassin caché sous un saule.

IV. REMARQUES

TTV 125 IV, 197, 258 III.

Les versions a et b sont suivies du type AT 780*.

Les motifs 3 et 4 de la version a (quête d'objets magiques), se retrouvent dans plusieurs autres types (v. AT 531, motif I et AT 465, motif II et III).

Le motif 4 de la version c (coudre une pierre...) se retrouve aussi au motif 1 des versions b et c du type AT 879.

La version c est celle qui se rapproche le plus de la version type classée dans AT. Exceptionnellement, nous ne l'avons pas classée comme version a, car le conte « Hassan le Teigneux » (Meched III, 64) était mieux conté et était un conte complexe.

Dans la tradition populaire iranienne comme dans celle de la Turquie [1] nous trouvons souvent le personnage du chauve, malin et rusé, en général pauvre et méprisé; la chance le favorise, il surmonte des épreuves difficiles et finit par réussir.

Le motif III du conte type AT 302 (The external soul) se retrouve au motif 3 de la version a et au motif 3 de la version d.

---

[1] BORATAV P.-N. : Contes Turcs, note p. 111.

[LA HACHE TOMBÉE DANS UN TORRENT]
TYPE AT 729 (THE AXE FALLS INTO THE STREAM)

I. MOTIFS

    1) Un pauvre arracheur de broussailles laisse tomber sa hache dans une rivière.

    2) Un poisson lui offre une hache d'or que le pauvre refuse, car cet outil ne lui appartient pas.

    3) Le poisson insiste; le pauvre prend la hache d'or et devient riche.

    4) Son concurrent laisse aussi tomber sa hache dans la rivière; mais lorsque le poisson lui offre la hache d'or, il ne la refuse pas; pour le punir, le poisson ne lui donne pas la hache d'or et ne lui rend pas la sienne.

II. VERSIONS

    a) Meched IV, 100 (Meched).

IV. REMARQUES

Le thème du bon qui est récompensé et du méchant qui est puni se retrouve fréquemment dans les contes populaires.

LES TROIS SŒURS
TYPE AT 780 (THE SINGING BONES)

I. MOTIFS

    1) En revenant du hammam, trois sœurs rencontrent un calender qui leur fait passer la rivière à condition qu'elles lui donnent des baisers; la cadette refuse.

    2) Les deux aînées, jalouses, la font dévorer par un lion.

    3) Une goutte de sang tombe à terre; un roseau en germe; un berger cueille le roseau et le taille en flûte; la flûte chante la vérité.

    4) Les deux aînées brûlent la flûte; jettent les cendres dans le désert; une pastèque en germe; la cadette sort de la pastèque et brûle ses sœurs pour se venger.

II. VERSIONS

    a) Meched I, 15 (Neichâbour).
    b) Meched I, 22 (Meched).
    c) Meched I, 35 (Birdjand).
    d) LORIMER : Persian Tales, p. 256 (Bakhtiâri Tales).
    e) ADF : n° 9 (Khoy).

III. VARIANTES

b) 1, 2) Remplacés par : le roi des fées se remarie et la marâtre n'aime pas sa belle-fille.

La princesse des fées s'enfuit et se cache dans un arbre qui ombrage une source. Un prince la voit et l'aime. Une esclave vient puiser de l'eau, voit l'image de la fée dans l'eau et elle croit que c'est son propre reflet. La fée la détrompe et la fait monter dans l'arbre au moyen de sa propre chevelure.

3) L'esclave tue la fée; d'une goutte de son sang, un roseau germe. Le prince épouse l'esclave.

4) Le prince cueille le roseau mais l'esclave le jette. Une fileuse ramasse le roseau. La fée en sort et raconte son secret à la fileuse.

Le prince voit la fée, l'épouse et punit l'esclave.

c) 1) Idem version b, mais le début : « le roi des fées se remarie » est absent.

2, 3, 4) Idem version b.

d) 1) Deux sœurs jalouses volent les vêtements de leur gentille sœur pendant qu'elle nage.

2) Elles l'attachent à un arbre et un tigre la dévore.

4) Les deux sœurs jettent la flûte dans une jarre, la jeune sœur en sort la nuit, le prince la reconnaît et punit les méchantes sœurs.

e) 1) Trois princesses vont à la chasse. Un esclave tue la cadette qui lui résiste.

4) Les sœurs jettent le roseau dans un puits, il en germe une pastèque.

IV. REMARQUES

TTV 60 IV, 241.

La version d suit le conte type AT 510.

Les motifs 1 et 2 des versions b et c sont des contamination du motif III du conte type AT 408.

Le motif des cheveux jetés par la belle pour qu'on puisse venir à elle, se trouve déjà dans le « Livre des Rois » du célèbre poète persan Ferdoussi : La belle Roudâbeh invite Zâl à se servir de ses tresses [1].

Les versions b et c sont presque identiques.

Le conte égyptien des « Deux Frères » traite déjà du motif 3 : Bata s'incarne en taureau, il retrouve sa femme infidèle et lui parle. La femme fait sacrifier le taureau par le pharaon; d'une goutte de sang,

---

[1] DELARUE P. : CPF, I, p. 181.

deux perséas germent. Les arbres accusent la femme; alors, elle les fait couper pour en faire des meubles [1].

BORATAV [2] a publié un très joli conte intitulé « Les Sœurs Jalouses ou Telli-Top» qui ressemble à la version a, les motifs sont les suivants :

1) Un marchand rapporte des cadeaux pour ses trois filles. La cadette a demandé un telli-top (pièce d'étoffe précieuse).

2) Les aînées jalouses poussent la cadette dans un puits pour s'emparer du telli-top.

3) Le cadette entre dans un kabak (instrument en forme de potiron) et chante son malheur.

4) Le père achète le kabak, punit les aînées et brise le kabak dont la cadette sort.

UN MENSONGE PARMI TROIS MENSONGES

TYPE AT 852 (THE HERO FORCES THE PRINCESS TO SAY, «THAT IS A LIE»)

I. MOTIFS

1) Un teigneux est amoureux de la princesse et demande sa main.

2) Le roi accepte de la donner à celui qui, parmi trois mensonges, en dira un qu'il sera obligé d'accepter.

3) Les deux premiers mensonges sont refusés mais le teigneux en invente un troisième : il montre un très grand panier et certifie que son père a prêté au père du roi, quarante paniers semblables remplis d'or.

4) Le roi préfère donner sa fille et assurer qu'il s'agit d'un mensonge plutôt que de rembourser l'or.

II. VERSIONS

a) Meched I, 38 (Torbat-Heydariè).

b) AMINI : Si Afsânè ..., p. 159 (Ispahan).

III. VARIANTES

b) Idem.

IV. REMARQUES

TTV 358, 363.

Ces contes de mensonges sont repris sous la forme « Tekerlémé »,

---

[1] VIKENTIEV V. : «L'Ancien Conte égyptien des Deux Frères». *Revue des Conférences françaises en Orient*, Le Caire, 14e année, n° 12, décembre 1950, p. 550.

[2] BORATAV P.-N. : Contes Turcs, p. 127.

aux types 52 et 53. Un conte de Crimée[1] est plus proche des versions persanes de même qu'un conte du folklore arabe[2].

La variante b est suivie du conte type AT 945 qui contient l'épisode de la statue qui est animée; la princesse parle et épouse le conteur.

LE ROI DU YEMEN
TYPE AT 861 (SLEEPING AT THE RENDEZ-VOUS)

I. MOTIFS

1) Un prince rencontre une jeune fille et l'aime. Il part en ville préparer son mariage et revient la chercher mais elle a disparu en laissant un pain de sucre caché sous un tas de paille.

2) Le prince accompagné d'un derviche voyant, va chercher la jeune fille en emportant avec lui deux poules et un coq d'or.

3) Ils chargent une vieille de porter à la princesse une poule d'or et de lui dire qu'elle vaut un mann de paille et un pain de sucre. La princesse met deux billes dans la poche du prince pendant son sommeil pour lui montrer qu'il est un enfant.

4) Ils envoient encore une poule d'or pour le prix d'un mann de paille et d'un pain de sucre. La princesse rejoint le prince, elle se couche près de lui, séparée par une épée. Pendant leur sommeil, un rival les attache et les dénonce au roi.

5) Le derviche délivre les amoureux et les remplace par deux vieux époux que le roi découvre.

6) Le derviche fait porter le coq à la princesse et la fait marquer au front. Puis il se plaint au roi du vol de son coq et indique le signe qui se trouve sur le front du voleur. Le roi livre sa fille comme une voleuse au derviche.

7) Le prince se marie, règne et le derviche devient son vizir.

II. VERSIONS

a) Meched III, 62 (Meched).

IV. REMARQUES

TTV 222.

La version a est une version élargie du conte type classé dans AT 861.

Le motif 3 se retrouve dans le conte «Qamar al Zamân et La Femme

---

[1] BORATAV P.-N.: «Tekerlémé», p. 111; RADLOFF: Proben..., VII, p. 3-4.

[2] BORATAV P.-N.: «Tekerlémé», p. 111, BASSET R.: Mille et Un Contes, Légendes..., n° 131, p. 424.

du joaillier », des Mille et Une Nuits [1] mais les billes de notre version y sont remplacées par des dés.

CHAH ABBAS ET SON FILS DJAHANGUIR
TYPE AT 873 (THE KING DISCOVERS HIS UNKNOWN SON)

I. MOTIFS

1) Le roi, déguisé en derviche, épouse une jeune fille; il lui laisse de l'argent et un bijou et il s'en va.
2) La jeune fille accouche d'un fils auquel elle donne le bijou.
3) Le jeune homme travaille en ville; il devient l'amant secret de la fille du vizir qu'il rejoint par un souterrain.
4) Le vizir amène, en secret, le vakil et le roi pour juger la conduite de sa fille.
5) Le roi découvre que le jeune homme est son fils, il lui pardonne et le marie avec la fille du vizir.

II. VERSIONS

a) Meched II, 50 (Tchenârân).

IV. REMARQUES

La version a se compose des types AT 875D + AT 875A + AT 873.

LE SONGE DE CHAH ABBAS
TYPE AT 875 (THE CLEVER PEASANT GIRL)

I. MOTIFS

1) Un vizir et son fils obtiennent quarante jours de délai pour interpréter le songe du roi.
2) Le fils du vizir part à cheval et rencontre une jeune fille voyante qui lui raconte le rêve : Le roi a vu un plateau = la terre; un corbeau = l'ange de la mort; des queues de mouton = les hommes. Chaque jour, on coupe des queues de mouton de même que chaque jour, l'ange de la mort emporte des vies.
3) Le vizir et son fils racontent son rêve au roi qui va aussi consulter la voyante à laquelle il demande : un fils qui lui ressemble; un lévrier et un cheval semblables aux siens.
4) Le jeune fille se déguise en garçon et gagne au jeu le lévrier et le cheval du roi, mais elle se perd elle-même et le roi l'épouse pour une nuit.

---

[1] CHAUVIN V. : BOA, V, n° 121, p. 212.

5) Au bout d'un an, le roi va revoir la jeune fille; il trouve, chez elle, son fils, son lévrier et son cheval. Il l'épouse définitivement.

II. Versions

a) Meched III, 60 (Neichâbour).

IV. Remarques

TTV 192 III, 235, 366 IV.
Avec les motifs 4 et 5, ce conte est une forme élargie du conte type AT 875, il reprend des éléments du type AT 891.

CHAH ABBAS ET SON FILS DJAHANGUIR
TYPE AT 875A (GIRL'S RIDLING ANSWER BETRAYS A THEFT)

I. Motifs

1) Une jeune fille confie à son père un bol de ragoût pour qu'il le porte à un derviche. Le père gourmand mange presque toute la viande.
2) Le derviche fait observer que dans son pays, les étoiles sont plus nombreuses. La jeune fille comprend.
3) Le derviche épouse la jeune fille.

II. Versions

a) Meched II, 50 (Tchenârân).
b) Meched I, 31 (Ghoutchân).

III. Variantes

b) 1) Le jeune fille dit : c'est la pleine lune, les étoiles sont parsemées.
2) Le derviche répond : c'est le premier quartier de lune, il ne reste qu'une étoile.
4) La jeune fille louche; le derviche fait remarquer : le poële est de travers.
5) La jeune fille répond : regardez le tuyau.
6) Mariage du derviche avec la jeune fille.

IV. Remarques

La version a se compose des types AT 875D + AT 875A + AT 873.
La version b se compose des types AT 875D + AT 875A (version élargie).

CHAH ABBAS ET SON FILS DJAHANGUIR
TYPE AT 875D (THE CLEVER GIRL AT THE END OF THE JOURNEY)

I. Motifs

1) Un roi, déguisé en derviche. rencontre un vieillard auquel il demande de tracer un chemin, de faire une échelle, de toussoter pour prévenir avant d'entrer dans une pièce.

2) Le vieillard ne comprend rien, mais sa fille lui explique : faire un chemin = trouver la voie à suivre; faire une échelle = parler, chaque sujet est comme un barreau.

II. Versions

a) Meched II, 50 (Tchenârân).
b) Meched III, 69 (Meched).
c) Meched I, 31 (Ghoutchân).

III. Variantes

b) 1) Un cheikh donne des conseils à un commerçant au cours d'un voyage et lui dit : faisons une échelle; construisons un pont.

2) Le commerçant ne comprend rien, aussi le cheikh lui donne trois conseils : demander le nom de celui auquel on se présente, lui demander son adresse et ne jamais confier de secret à sa femme.

c) 1) Un derviche rencontre un vieillard auquel il donne des conseils : faisons une échelle; ce blé est-il mangé ou va-t-on le manger? construisons un pont; cet homme est-il mort ou va-t-il mourir? Allez chez vous avec votre tête et non avec vos pieds.

2) Le vieillard ne comprend rien mais sa fille lui explique : conversons; le propriétaire a-t-il des dettes? je vais te porter sur mon dos; le mort a-t-il des enfants? avant d'entrer, il faut réfléchir et prévenir.

IV. Remarques

La version a se compose des types AT 875D + AT 875A + AT 873.
La version b se compose des types AT 875D (version élargie).
La version c se compose des types AT 875D + AT 875A.

[LES QUARANTE JEUNES FILLES]
TYPE AT 879 (THE BASIL MAIDEN)

I. Motifs

1) Une jeune fille garde les quarante filles du roi pendant son absence.
2) La jeune fille charme le père de quarante brigands et vole son ragoût, trois jours consécutifs.

3) Le père, amoureux de la jeune fille, veut marier ses quarante fils avec les quarante filles du roi.

4) La jeune fille trompe le père et remplace les quarante jeunes filles et elle-même par quarante-et-un pigeons, mais les princesses oublient leurs pinces dans la salle de bain.

5) Le père, furieux, trouve les pinces; la jeune fille, déguisée en bohémienne, lui fait croire que, par magie, elle va transformer les pinces en femmes et elle s'enfuit en volant les pinces.

6) Le père, furieux d'avoir été roulé, se déguise en marchand; il cache ses fils dans quarante caisses qu'il dépose chez la jeune fille; il passe la nuit chez elle.

7) La jeune fille tue les quarante brigands avec de l'huile bouillante.

8) La jeune fille épouse le père qui veut se venger en la tuant, mais elle met à sa place, dans le lit, une outre de sirop qu'il éventre. Réconciliation et récompense du roi.

II. Versions

a) Meched I, 28 (Meched).
b) Meched III, 86 (Meched).
c) Sobhi : Afsânèhâ, I, p. 150.
d) Meched II, 55 (Tchenârân).
e) Amini : Si Afsânè…, p. 68 (Ispahan).
f) Kouhi : Pânzdah Afsânè…, p. 108 (Kerman).
g) Sobhi : Afsânèhâ I, p. 79.

III. Variantes

b) 1) La fille d'un tailleur danse à la cour de la princesse des fées et éteint la lampe avec sa robe.
   4, 5) Néant.

c) 1) Une princesse va à la chasse avec quarante esclaves.
   2) Quarante voleurs enlèvent les quarante esclaves que la princesse va rechercher en s'éclairant d'une bougie. La princesse charme leur gardien; elle vole leurs repas trois jours consécutifs.
   4, 5) Néant.
   6, 7) Idem; la princesse épouse le gardien.
   8) Néant.

d) 1) Un prince demande la main de la fille du tailleur duquel il exige un manteau de pétales de rose.
   2) Dispute des fiancés. Le jour du mariage, vengeance du prince qui fait jeter la mariée dans une oubliette.
   3) La mère du prince aide sa belle-fille qui, en secret, retrouve le prince qui ne la reconnaît pas.
   4) La femme accouche de deux garçons et reçoit un bracelet et un bonnet.

5) Le prince se fiance avec sa cousine, mais sa femme vient lui présenter ses deux enfants et il la reconnaît. Réconciliation.

e) 1) Un roi exige d'un tailleur un costume de pierre; sur le conseil de sa fille, le tailleur demande de faire un costume de branches.

2) Le roi épouse la fille du tailleur, mais il la fait jeter dans une oubliette.

3) En secret, la jeune fille retrouve le roi dans des jardins de roses de couleurs différentes.

4) Elle met au monde deux garçons et une fille; elle reçoit un bracelet et un mouchoir.

5) Le roi veut se marier avec une autre femme mais le jour de son mariage, sa femme et ses enfants se font reconnaître. Réconciliation.

f) 1) Un prince commande un manteau de roses au tailleur qui, aidé de sa fille, demande des aiguilles qui conviennent.

2) Le prince devient amoureux de la fille du tailleur mais il épouse sa cousine qu'il délaisse.

g) 1) Une princesse s'égare en suivant une fleur qui flotte sur la rivière. Un prince la voit, l'aime et lui laisse, au bout de trois jours, une lettre, une épée et des fleurs jaunes.

2) Déguisée en berger, la princesse retrouve le prince le soir de ses noces. Elle se suicide avec l'épée.

3) Le prince fait de même. La mariée les ressuscite tous les deux grâce à l'aide de deux colombes. Mariage du prince et de la princesse.

IV. REMARQUES

Cf. TTV 192 et 223.

Les versions d, e, f, g, sont contaminées par le type AT 891.

LE JARDIN DES ROSES ROUGES
TYPE AT 891 (THE MAN WHO DESERTS HIS WIFE)

I. MOTIFS

1) Un prince, amoureux d'une princesse, est dégoûté d'elle le jour de son mariage par ses cousines jalouses qui lui font croire que sa femme a une maladie de peau.

2) Chaque nuit, le prince se bande les yeux; chaque matin, il part se réfugier dans un jardin.

3) La princesse déguisée le retrouve; il devient amoureux d'elle; chaque jour, elle va dans un autre jardin jusqu'au jour où elle se blesse le doigt.

4) Le soir, il la reconnaît à cause de son doigt blessé. Il l'épouse vraiment à ce moment.

II. Versions

   a) Meched I, 18 (Meched).
   b) Meched I, 25 (Govârechk).
   c) Meched I, 12 (Meched).
   d) Meched II, 51 (Tchenârân).
   e) Meched III, 74 (Torbat-Heydariè).

III. Variantes

   b) 1) Le roi déguisé en derviche écoute les souhaits de trois sœurs pauvres.
     2) L'aînée veut être la trésorière du roi.
       La puinée veut être l'épouse du roi.
       La cadette veut que le roi soit à ses ordres.
     3) Le roi réalise les vœux des deux aînées mais il bannit la cadette.
     4) La cadette trouve un trésor, bâtit un château, invite le roi qui devient amoureux d'elle et lui obéit comme un domestique.
     5) La cadette révèle son identité et le roi l'épouse.
   c) 2) L'aînée désire un château et un mari noble.
       La puinée désire épouser un général, recevoir des villages et des chevaux.
   d) 2) L'aînée veut donner au roi un fils aux dents de perles et à la chevelure d'or.
       La puinée veut épouser le fils du vizir.
     5) La cadette refuse d'épouser le roi, car elle consacre sa vie à Dieu.
   e) 2) L'aînée veut cuire des galettes aussi minces que des feuilles de papier.
       La puinée veut préparer des vermicelles aussi fins que des cils.
     4) Après avoir trouvé un trésor, la cadette épouse un derviche et apprend la magie, puis elle tue un dragon.

IV. Remarques

   TTV 192 et 223.

LA PIERRE PATIENTE

TYPE AT 894 (THE GHOULISH SCHOOLMASTER AND THE STONE OF PITY)

I. Motifs

   1) Une jeune fille est troublée par la prédiction de son maître d'école et par celle d'une main magique de cristal qui sort de la rivière.

2) Elle découvre un jeune homme endormi dont le corps est criblé d'aiguilles. Pendant quarante jours, il faut quarante fois par jour lire une formule magique pour briser l'enchantement.

3) La jeune fille achète comme esclave une Bohémienne et elle s'endort le quarantième jour. L'esclave assiste au réveil du prince et se substitue à sa maîtresse.

4) Le prince épouse l'esclave et la jeune fille devient sa servante.

5) La jeune fille demande au prince de lui acheter une pierre patiente à laquelle on confie ses peines. La pierre éclate ; le prince découvre la vérité. Il épouse la jeune fille et tue l'esclave usurpatrice.

II. Versions

    a) Meched III, 66 (Bodjnord).
    b) Meched III, 82 (Meched).
    c) Meched III, 96 (Meched).
    d) Amini : Si Afsânè..., p. 27 (Ispahan).
    e) Lorimer : Persian Tales, p. 19 (Kermâni Tales).
    f) Sobhi : Afsânèhâ, II, p. 145.
    g) Sobhi : Afsânèhâ, II, p. 152.
    h) Sobhi : Afsânèhâ, II, p. 153.
    i) Sobhi : Afsânèhâ, II, p. 153.
    j) Sobhi : Afsânèhâ, II, p. 154.
    k) Sobhi : Afsânèhâ, II, p. 154.
    l) Sobhi : Afsânèhâ, II, p. 154.
    m) ADF : n° 12 (Tchors).

III. Variantes

    b) 1) Un devin prédit au père que sa fille épousera un mort.
       2) La jeune fille ne soulève pas le linceul.
       3) L'esclave soulève le linceul et enlève la bague du mort qui ressuscite après avoir éternué.

    c) 2) Pendant quarante jours, il faut, chaque jour, lire un verset du Coran, manger une datte et retirer une aiguille du corps.

    d) 1) Une esclave noire qui sort d'une source, prédit son destin à la jeune fille.
       2) Elle doit veiller le bel endormi pendant trois ans et être esclave pendant sept ans.

    e) 2) Pendant quarante jours, il faut, chaque jour, manger une noix et boire la moitié d'une coquille de noix d'eau.

    f) 1) Une jeune fille entend une voix qui lui prédit qu'elle sera la proie des morts.
       2) Pendant quarante jours, il faut, chaque jour, lire une prière, manger une amande, boire un doigt d'eau et retirer une aiguille du corps.

g) 1) Un roi qui n'aimait pas les filles, ordonne de tuer toutes celles qui viennent au monde.

La femme d'un marchand accouche d'une fille; les parents émigrent pour sauver l'enfant, ils errent pendant quatorze ans.

h) 1) Une jeune fille, en se rendant à l'école coranique, rencontre un pauvre qui lui prédit qu'elle sera la proie d'un mort.

i) 1) L'aînée des quatre filles d'un pauvre homme désire manger une brochette de foie et de cœur qu'elle dépose près d'elle. Une corneille veut l'emporter, mais la jeune fille la lui arrache du bec. La corneille la maudit et lui prédit son destin.

j) 1) Des parents ont une fille qu'ils chérissent; sans raison, la jeune fille veut partir dans le désert.

k) 1) Un marchand ruiné et déshonoré s'expatrie; il arrive dans un désert. Sa cadette descend dans un puits où elle trouve des clés au moyen desquelles elle ouvre une porte qui donne sur un jardin. Elle y entre et visite une belle demeure. Dans la septième chambre, elle trouve un jeune homme endormi.

l) 5) Le jeune fille demande une poupée de pierre patiente.

m) 2) Pendant sept ans, il faut lire, chaque jour, une formule magique et retirer une épingle du corps du jeune homme.

4) La jeune fille reste servante pendant sept ans.

IV. Remarques

TTV 185.

La version a a été contée à Mr. E. Chocourzâdeh par Mlle Soltân Salimi, étudiante à la Faculté des Lettres de Meched, originaire de Bodjnord. Son récit est vivant, il mêle le réel à l'irréel et dégage un charme qui captive l'attention.

Dans ses commentaires, Sobhi[1] explique que cette histoire date de l'époque où les anciens Iraniens, en cas de désespoir, confiaient leurs peines à une pierre. Il cite le vers du célèbre poète persan Gorgani extraits de « Vis o Ramin » :

« Benâlam tâ zé picham betrakad sang » ;

« Begeriam tâ chavad barf arghavân rang » ;

« Que je gémisse jusqu'à ce que la pierre éclate pour moi » ;

« Que je pleure jusqu'à ce que la neige soit rougie de sang ».

Il cite aussi le vers de Roudaki[2] :

« Kafidé del az gham tcho ân kafté nâr » ;

« Kafidé chavad sang-e timâr khâr » :

« Son cœur était déchiré de douleur comme la grenade fendue » ;

« La pierre consolatrice aussi éclatera ».

[1] Sobhi : Afsânèhâ, II, p. 152.

[2] Sa'id Nafici : Mohité zendégui va ahvâl va ach'âré Roudaki, p. 542, Téhéran, 1341.

La version f lui a été contée en langue turque par une vieille femme appelée BIBI NANEH qui était originaire du village de Fârsidjân situé entre Ghazvin et Zandjân. Cette même histoire lui a aussi été contée en persan; c'est la meilleure version qu'il ait entendue. S. HEDAYAT l'a publiée dans une revue [1].

Ce conte est donc fort connu en Iran. A tel point qu'une chanson créée en 1965 par le chanteur Ali NAZARI illustre le même thème. Cette chanson, enregistrée sur disques à Téhéran, a été reprise en 1967 par la chanteuse GOUGOUCH, originaire de Meched.

Le type AT 437 (The Supplanted Bride, The Needle Prince) contient les motifs 2, 3 et 4 de la version a, mais pas le motif de la pierre patiente.

BARZANGUI
TYPE AT 898 (THE PUPPET BRIDE)

I. MOTIFS

1) Une femme stérile confectionne une poupée en habillant un pot.
2) Un prince demande la poupée en mariage.
3) La mère casse le pot au bain nuptial. Elle fait rire une fée qui, par ce mouvement, peut cracher l'arête fichée dans sa gorge.
4) La fée reconnaissante prend la place du pot cassé et épouse le prince.
5) La fée met au monde trois enfants qu'elle donne successivement au feu, au balai, au loup.
6) Le prince ressuscite ses enfants et chasse la fée qui s'évanouit en fumée.

II. VERSIONS

a) Meched I, 37 (Birdjand).
b) Meched III, 89 (Meched).
c) CHOCOURZADEH : Aghâyed o rossoum-é …, p. 294.
d) CHRISTENSEN : Persische Märchen, p. 87.

III. VARIANTES

b) 1) Une femme stérile confectionne une poupée en pâte dans laquelle elle verse du jus de raisin préparé en sirop.
2) Néant.
3) En allant au bain pour laver le nouveau-né, elle prie Dieu de faire un miracle. Son domestique dépose l'enfant qui est emporté par un chien. Le domestique court derrière lui et reprend l'enfant qui vit. Sa mère l'allaite et remercie Dieu.
4, 5, 6) Néant.

---

[1] HEDAYAT S. : *Madjalè-yé mousighi*, 3ᵉ année, nᵒ 6 et 7.

c) 1, 2, 3, 4) Idem.

   5, 6) Néant.

d) 1) Une blanchisseuse accouche d'une abeille.

   2) Le prince est amoureux de la voix de l'abeille.

   3) Le prince a un accident qui fait rire la fée qui crache l'arête qu'elle avait dans la gorge.

   4) La fée reconnaissante transforme l'abeille en jeune fille.

   5, 6) Néant.

IV. REMARQUES

TTV 91.

La version a est assez différente du motif III du conte type classé dans AT 898, car elle est élargie par l'histoire des enfants de la fée (motifs 5 et 6).

La version b est plus simple, car elle ne comporte pas le motif du mariage.

La version c est identique à la version a, mais ne comporte pas l'histoire des enfants de la fée (motifs 5 et 6).

La version d est assez différente; le motif du prince amoureux de la voix d'une femme nous rappelle celui du conte type AT 877.

LA FATALITÉ

TYPE AT 930 (THE PROPHECY)

I. MOTIFS

1) Un devin annonce au roi qu'il va être père d'une fille qui épousera le fils d'une esclave.

2) Pour éviter que la prophétie se réalise, le roi fait tuer l'esclave qui va mettre au monde un fils.

3) Le garçon est sauvé, nourri par une chèvre, il est recueilli par une paysanne.

4) Par hasard, de longues années plus tard, le roi découvre l'existence du jeune homme qu'il envoie en ville, porteur d'une lettre par laquelle il ordonne à son vizir de tuer le jeune homme.

5) Mais le jeune homme rencontre la princesse qui devient amoureuse de lui et change l'ordre de mort en un ordre de mariage avec elle.

6) Lorsque le roi revient, il apprend le mariage de sa fille, il se résigne à accepter le destin.

II. VERSIONS

a) Meched III, 73 (Torbat-Heydariè).

IV. Remarques

TTV 125, 126, 128, 214 III-IV.

Le type turc est semblable au type persan. Dans les remarques qui suivent l'analyse, Eberhard et Boratav signalent une version de ce type datant de l'année 1770 (P. Ernst, 1001 Tag, Bd. 3, S. 357-362 nach Cardonne).

LE DERVICHE DEVENU ROI
TYPE AT 938 (PLACIDAS)

I. Motifs

1) Un derviche usurpe la place du roi qu'il chasse avec sa femme et ses deux enfants.
2) Des brigands enlèvent la reine qui est sauvée par un commerçant qui l'emmène sur son bateau.
3) Le fils aîné tombe à l'eau et est recueilli par une lavandière. Le fils cadet est emporté par un loup et est recueilli par un berger.
4) Un faucon se pose sur la tête du roi et il règne sur un nouveau royaume.
5) La reine revient chez son mari et ils décident d'adopter les enfants trouvés.
6) Reconnaissance des parents et des enfants.

II. Versions

a) Meched III, 65 (Sabzevar).

IV. Remarques

TTV 136, 291 V.

La version a se rapproche très fort de la version classée dans AT 938. Le motif 4 se retrouve aussi dans le conte type AT 671.

La légende de l'aigle qui se pose sur la tête remonte à une tradition d'un mythe fort ancien[1].

LE MARCHAND ET SES TROIS FILS
TYPE AT 949* (YOUNG GENTLEMAN LEARNS BASKET WORK)

I. Motifs

1) Des brigands emmènent les trois fils d'un marchand.
2) Le cadet tisse des nattes avec des dessins; les brigands les vendent.

---

[1]) Mokri M.: Le Chasseur de Dieu et le Mythe du Roi-Aigle, Wiesbaden, 1967, p. 36.

3) Grâce aux dessins, le père retrouve ses fils; on arrête les brigands. Il récompense le cadet en le faisant son héritier.

II. Versions

a) Meched IV, 97 (Gonâbâd).
b) ADF n° 11 (Tchors).

IV. Remarques

TTV 231 et 333.
La version analysée du conte turc est intitutée : « La Valeur d'un Métier ». Elle se compose des motifs suivants :
1) Le roi, déguisé, désire la fille d'un pauvre.
Le père ne veut donner sa fille qu'à un homme qui connaît un métier.
2) Le roi et son vizir apprennent à tisser des nattes.
3) Tous deux, déguisés, vont dans un tripot; ils doivent être décapités.
4) En prison, ils font des nattes dans lesquelles ils tissent des messages secrets.
5) Lorsque les nattes sont vendues, tout est révélé grâce à l'adresse; ils sont sauvés. Ils remercient les parents pauvres pour le bon conseil.

Eberhard et Boratav indiquent de nombreuses versions turques et une version analogue dans Spitta[1].
D'après la table de concordance des TTV publiée par Heda Jason et Otto Schnitzler[2] le type turc 231 correspond au type AT 949* et 888 A*.
Nous y avons donc classé le type persan qui ressemble fort au type turc.

LES TROIS DERVICHES

TYPE AT 976A (THE THIEF EXPOSED BY A STORY)

I. Motifs

1) Trois derviches partent en voyage. L'un d'eux porte une bague qui est volée; il accuse ses deux compagnons.
2) Pour trouver le voleur, la fille du roi déguisée en derviche raconte une histoire.
3) Une princesse pour être fidèle à sa promesse, va le soir de ses noces chez son ami d'enfance, le fils du jardinier. Un voleur, un lion et le fils du jardinier, émus de sa fidélité à sa parole, n'acceptent pas son sacrifice; elle rejoint son mari sans qu'ils la touchent.

[1] Spitta-Bey, G. : Contes Arabes Modernes, Leiden, 1883, p. 94-104.
[2] Jason H. and Schnitzler O. : The Eberhard - Boratav Index, dans *Folklore Research Center Studies*, vol. I, p. 43-71, edited by Dov Noy. Issachar Ben-Ami, Jerusalem, 1970.

4) Le voleur de la bague se dénonce en avouant qu'il aurait abusé de la jeune fille s'il avait été à la place du voleur.

II. VERSIONS

a) Meched I, 26 (Meched).
b) AMINI : Si Afsânè..., p. 31.

III. VARIANTES

b) 1, 2) Néant. Remplacés par le récit-cadre n° 1 : Châh Abbâs veut se marier mais la jeune fille n'accepte que s'il parvient à la faire parler trois fois. Trois derviches racontent trois histoires : AT 653A + AT 945 + AT 976.
3) Un gardien, un voleur et le fils du jardinier.

IV. REMARQUES

TTV 348 IV.
La version a correspond au type AT 976A.
Elle contient le motif 3 qui forme le type AT 976.
La version b est une variante du type AT 976 qui fait partie d'un conte complexe.
Une version littéraire de ce type se retrouve dans « Tchehel Touti »[1] (Les Quarante Perroquets); dans l'histoire de Mir Châh Bânou, les motifs sont les suivants :
1) Un paysan trouve un rubis qu'il veut offrir au roi, mais en chemin trois voleurs dérobent le rubis qu'ils offrent au roi.
2) Le paysan accuse les voleurs. La fille du roi raconte une histoire pour que les voleurs se dénoncent.
3) Une princesse, pour être fidèle à sa parole, va, le soir de ses noces, retrouver le fils du jardinier, son ami d'enfance. Un loup, un brigand et le fils du jardinier n'acceptent pas son sacrifice et elle rejoint son mari sans qu'ils la touchent.
4) Les trois voleurs se dénoncent, car ils avouent qu'ils n'auraient pas été aussi magnanimes. L'innocence du paysan est récompensée.

HASSAN LE TEIGNEUX

TYPE AT 980* (THE PAINTER AND THE ARCHITECT)

I. MOTIFS

1) Un chauve malin fait croire qu'il se fait brûler sur un bûcher pour aller au paradis mais sa femme-fée le sauve en cachette.

[1] MANSOUR Parvin : Tchehel Touti. Téhéran, 1339.

2) Il envoie le roi au bûcher en lui disant que son père l'appelle de l'autre monde.

3) Le roi meurt, le chauve règne à sa place.

II. Versions

a) Meched III, 64 (Meched).
b) Meched III, 70 (Meched).

III. Variantes

b) 1) Le héros est sauvé du feu par une bague magique.
2) Le héros envoie les ministres au bûcher.
3) Le roi cède son trône au héros.

IV. Remarques

Les versions a et b suivent les versions a et b du conte AT 725.

[LA RÉCOMPENSE DU MARI
DONT LA FEMME ÉTAIT ACARIATRE]
TYPE AT 1164 (THE EVIL WOMAN THROWN INTO THE PIT)

I. Motifs

1) Une femme a si mauvais caractère que son mari la jette dans un puits.

2) Le lendemain, le mari retire du puits un dragon qui le remercie de l'avoir sauvé de cette mégère.

3) Le dragon reconnaissant s'enroule autour du cou de la princesse et se déroule sur les ordres de son ami qui devient l'époux de la princesse et puis monte sur le trône.

II. Versions

a) Meched III, 79 (Meched).
b) Meched I, 13 (Neichâbour).
c) Christensen : Persische Märchen, p. 64.

III. Variantes

b) 1) Un chasseur retire un serpent du puits.
3) Le serpent s'enfuit quand on annonce le retour de la mégère.
c) 2) Le mari retire un serpent du puits.

IV. Remarques

TTV 377.

La version b a une forme complexe, elle se compose des type AT 709

+ AT 1164; elle est intitulée « Fâtmé Ghorghorou » (Fâtmè, la Ronchonneuse).

A. Christensen [1] indique une version littéraire de la version c dans « Les Quarante Vizirs » [2] dont les motifs sont les suivants :

1) Un bûcheron descend sa femme dans un puits.
2) Le lendemain, le bûcheron retire le génie du puits qui lui offre, en remerciement, des feuilles qui guérissent de la folie la princesse des Indes.
3) Le bûcheron guérit la princesse des Indes et l'épouse.
4) Puis il guérit aussi la princesse de Chine, le génie ne veut pas partir, mais il s'enfuit quand on annonce le retour de la mégère.

[LE MIROIR]
TYPE AT 1168A (THE DEMON AND THE MIRROR)

I. Motifs

1) Un imposteur se rend en ville, le miroir y est inconnu.
2) Il fait croire aux habitants que leur âme se trouve dans une boîte au fond de laquelle il cache un miroir. Il cache le miroir derrière un linge, le soleil s'y reflète et il leur fait croire qu'il voient le fils du soleil. Il cache une lampe dans une boîte, place un pigeon en carton devant un trou et affirme que c'est le pigeon du paradis.
3) On expulse cet imposteur en lui donnant de l'argent, car il entrave le commerce de la ville.

II. Versions

a) Meched I, 10 (Meched).

MARIAGE DE CHAH ABBAS
TYPE AT 1351 (THE SILENCE WAGER)

I. Motifs

1) En partageant l'os du bréchet d'un poulet, une femme fait, avec son mari, le pari que celui qui oubliera de dire : « Je me souviens », en acceptant un objet que l'autre lui donnera, perdra.
2) La femme cache un jeune homme dans un coffre et l'avoue à son mari.
3) Le mari, jaloux, lui demande la clé qu'elle lui donne; il refuse la clé pour ne pas perdre le pari et n'ouvre pas le coffre.

---

[1] Christensen A. : Persische Märchen, p. 303.
[2] Chauvin V. : BOA, p. 152, n° 154, VIII.

II. Versions

    a) Meched III, 72 (Meched).
    b) Meched I, 23 (Meched).
    c) Christensen : Contes Persans en Langue Populaire, p. 107.
    d) Christensen : Persische Märchen, p. 176.
    e) Sinclair-Mehdevi : Persian Folk and Fairy Tales, p. 93.
    f) Sobhi : Afsânèhâ-yé Kohan, II, p. 40.

II. Variantes

    b) 3) Le mari perd le pari, mais furieux n'ouvre pas le coffre; il est
          doublement trompé.
    c) 1, 2, 3) Idem version a.
    d) 1) Un mari paresseux refuse de donner de l'eau au mouton. Le mari
          et sa femme font le pari que celui qui parlera le premier devra
          donner à boire au mouton.
       2) La femme va chez sa voisine. Le mari se laisse couper la barbe
          et les cheveux, farder le visage et voler des bijoux.
       3) La femme revient, elle est furieuse et elle parle.
          Le mari se moque d'elle et l'envoie donner de l'eau au mouton.
    e) 1) Idem version d mais un veau remplace le mouton.
       2) Idem version d mais une marchande de fards lui met une
          perruque et le farde; un voleur le vole.
       3) Le veau boit seul à la rivière et la femme le ramène. Elle
          poursuit le voleur qui devient amoureux d'elle et lui rend ses
          bijoux. Quand elle revient, son mari est raisonnable.
    f) 1, 2, 3) Idem version e.

IV. Remarques

TTV 334.
La version a forme une partie du récit-cadre n° 2 qui se compose de
AT 1419E + 1351 + 1420D de même que la version b qui se
compose des types AT 1419E* + 1351 + 1419E et aussi de la version
c qui se compose des types AT 1351 + 1419E* + 1419E.
Le jeu de société qui consiste à briser l'os d'un bréchet (en persan,
djanâgh) et à faire un pari que l'on perd si on oublie de dire
«Je me souviens» (en persan, yâdam) au moment où l'adversaire
vous présente un objet, est encore couramment pratiqué à Meched.
Il paraît que ce jeu peut durer des mois si les partenaires sont de
force égale.
Les versions a, b, c contiennent le motif du «djanâgh» avec le jeune
homme caché dans un coffre.
Les versions d, e, f contiennent le motif du pari de se taire pour
éviter une tâche.

[L'AMITIÉ DES DEUX COCUS]
TYPE AT 1358B
(HUSBAND CARRIES OFF BOX CONTAINING HIDDEN PARAMOUR)

I. MOTIFS

    1) Un mari devine que l'amant de sa femme est caché dans le coffre. Il le charge sur son épaule pour aller le vendre au bazar.

    2) Il découvre que le marchand est aussi cocu. Les deux nouveaux amis partent en voyage.

II. VERSIONS

    a) Meched III, 77 (Meched).

IV. REMARQUES

TTV 263.

Cette version est suivie de la version a du conte type AT 1534A.

[LA FAUSSE DÉVOTE]
TYPE AT 1360C (OLD HILDEBRAND)

I. MOTIFS

    1) Une femme est si dévote qu'elle ne veut pas se dévoiler devant un coq.

    2) Néanmoins, son mari est cocu mais il ne le croit pas.

    3) Un derviche parie avec lui; pour le détromper, il le cache dans un sac d'où il assiste aux ébats de sa femme avec ses amants. Le derviche gagne le pari.

    4) Le mari chasse son épouse infidèle.

II. VERSIONS

    a) Meched II, 56 (Tchenârân).
    b) AMINI : Si Afsânè …, p. 178 (Ispahan).

III. VARIANTES

    b) 1, 2, 3, 4) Idem.

        5) Le mari part et est accusé par le roi d'avoir abusé de sa fille.

        6) Le mari découvre que le fautif est le grand prêtre qui organise des orgies; il le dénonce et épouse la princesse.

IV. REMARQUES

TTV 263 III.

La version b est une variante élargie de la version a.

[UN CORBEAU, QUARANTE CORBEAUX]
TYPE AT 1381D (THE WIFE MULTIPLIES THE SECRET)

I. MOTIFS

1) Une femme raconte à son mari que la voisine a accouché d'un enfant qui ressemble à un corbeau.
2) Le mari raconte que la voisine a accouché de deux corbeaux.
3) La nouvelle se transmet ainsi en s'amplifiant; à la fin de la journée, on parle de quarante corbeaux.
4) La nouvelle revient chez la voisine qui comprend comment d'un corbeau, on fait quarante corbeaux.

II. VERSIONS

a) Meched IV, 98 (Meched).

IV. REMARQUES

AARNE-THOMPSON indiquent les versions anciennes de ce conte citées par CHAUVIN[1] et aussi les anecdotes de WESSELSKI: «Hodscha Nasreddin» (II 244 n° 542).

Nous retrouvons aussi le même thème dans la charmante fable de La Fontaine: «Les Femmes et le Secret» qui relate l'histoire d'une femme qui trahit le soi-disant secret de son mari qui a accouché d'un œuf: «Avant la fin de la journée, le nombre d'œufs se montait à plus de cent».

La fable commence par la morale:

«Rien ne pèse tant qu'un secret:
Le porter loin est difficile aux dames,
Et je sais même sur ce fait
Bon nombre d'hommes qui sont femmes».

Bien souvent, l'expression proverbiale: «Un corbeau, quarante corbeaux», est utilisée en Iran pour faire comprendre qu'il ne faut pas prêter attention aux nouvelles que l'on colporte, car elles sont souvent exagérées.

MARIAGE DE CHAH ABBAS
TYPE AT 1419E (UNDERGROUND PASSAGE TO PARAMOUR'S HOUSE)

I. MOTIFS

1) La femme du juge creuse un souterrain pour retrouver son amant qui est son voisin.

---

[1] CHAUVIN V.: BOA, VII, 168, 197.

2) Le mari voit sa femme chez son voisin, mais il n'arrive pas à la surprendre, hors de chez elle, quand il revient dans sa maison.

3) Le mari conclut le mariage de sa propre femme avec son voisin.

II. VERSIONS

a) Meched III, 72 (Meched).
b) Meched I, 23 (Meched).
c) CHRISTENSEN : Contes Persans en Langue Populaire, p. 107.

III. VARIANTES

b) Idem a.
c) Idem a.

IV. REMARQUES

TTV 267.

La motif 3 est différent de celui qui est analysé dans le type AT 1419E : le mari ne croit pas que c'est la sœur de sa femme qui se trouve chez son voisin mais il croit reconnaître sa propre femme et doute de son jugement; aussi il conclut le mariage. Le voile porté par la femme, en Iran, permettait le doute sur la personnalité de celle qui était voilée. Gédéon HUET pense que ce conte serait d'origine grecque [1].

A. CHRISTENSEN [2] signale que PLAUTE l'avait adapté pour le théâtre dans le deuxième acte de son « Miles Gloriosus ».

V. CHAUVIN [3] le retrouve dans la littérature arabe au chapitre « Shâh Baht » de Syntipas (texte arabe) avec les mêmes motifs mais la femme du foulon fait croire à son mari que sa sœur se trouve chez le soldat, son amant, qu'elle rejoint par un souterrain dans la maison contiguë. Le motif du souterrain est repris dans les « Mille et une Nuits » dans le conte de « Qamar al Zamân et la Femme du Joaillier ».

Ce thème très répandu depuis l'antiquité garde encore de nos jours le même succès.

Pour former le récit-cadre n° 2, ce type AT 1419 est combiné avec AT 1419 E* + AT 1351 (version a); AT 1351 + AT 1420D (version b); AT 1351 + AT 1419E* (version c).

Le récit-cadre n° 2 (version a) est repris dans le récit-cadre n° 1 (versions a, b et c).

---

[1] HUET G. : Les Contes Populaires, p. 48.
[2] CHRISTENSEN A. : Contes Persans en Langue Populaire, p. 107.
[3] CHAUVIN V. : BOA, VIII, p. 95.

LA BAGUE PRÉCIEUSE
TYPE AT 1419E*(HUSBAND CANNOT RECOGNIZE HIMSELF)

I. Motifs

   1) La femme du gouverneur endort son mari avec un narcotique et, pendant son sommeil, le fait porter dans un monastère de derviches.
   2) A son réveil, le mari est obligé de devenir derviche.
   3) La femme l'endort de nouveau et le fait transporter chez lui.
   4) A son réveil, il croit avoir rêvé.

II. Versions

   a) Meched I, 23 (Meched).
   b) Christensen : Contes Persans en Langue Populaire, p. 107.

III. Variantes

   b) 1) La femme de l'inspecteur de police.

IV. Remarques

   Dans les versions a et b, ce conte s'ajoute aux types AT 1351 + AT 1419E pour former un conte complexe inclus dans le récit-cadre n° 2. Aarne-Thompson signalent dans leur catalogue que ce conte est souvent combiné avec le type AT 1419E.

MARIAGE DE CHAH ABBAS
TYPE AT 1420D (ACCIDENTAL DISCOVERY OF IDENTITY)

I. Motifs

   1) La femme du commissaire de police paie un jeune homme pour qu'il soit son amant.
   2) Le jeune amant va raconter son aventure au mari et lui paie ses dettes en ignorant qu'il est le mari de sa maîtresse.
   3) Le mari veut surprendre l'amant, mais sa femme le cache dans le garde-manger suspendu; la corde lâche et, en jouant du tambourin, elle fait un écran entre son mari et son amant qui s'enfuit.
   4) La deuxième fois, elle cache son amant dans le bassin d'eau; la tête, dans un potiron vide posé à la surface. Elle parie avec son mari qu'il ne pourra pas toucher le potiron en lançant un noyau. Le mari perd le pari, car, à chaque coup, l'amant baisse la tête.

II. Versions

   a) Meched III, 72 (Meched).

IV. Remarques

Ce conte ajouté aux types AT 1419E et AT 1351 compose la version b des trois contes inclus dans le récit-cadre n° 2.

On pourrait considérer que la version a est une variante élargie du type AT 1420D car le motif 3 rappelle les types AT 1419H et AT 1419C.

L'HABITANT DU KHORASSAN ET CELUI D'ISPAHAN
TYPE AT 1525N (THE TWO THIEVES TRICK EACH OTHER)

I. Motifs

1) Un habitant du Khorassan échange un sac de pelures d'oignon contre un sac de pelures d'ail avec un habitant d'Ispahan. Chacun croit avoir roulé l'autre.
2) Revenus chacun chez soi, ils s'aperçoivent de leur méprise.
   L'habitant d'Ispahan va à Meched, car, en outre, il a oublié son aiguille dans le sac.

II. Versions

a) Meched I, 33 (Meched).

IV. Remarques

La version a se compose des types AT 1525N + 1532 + 1654 pour former un conte complexe.

V. Chauvin[1] retrouve le même thème de deux filous qui font des échanges d'une charge de fumier de mouton contre une charge de fumier de chèvre, puis qui s'associent. Ce conte est suivi du type AT 1654.

L'HABITANT DU KHORASSAN ET CELUI D'ISPAHAN
TYPE AT 1532 (THE VOICE FROM THE GRAVE)

I. Motifs

1) Deux filous décident de s'emparer de l'héritage d'un marchand qui vient de mourir.
2) L'un se prétend le frère du défunt à qui ce dernier devait de l'argent; l'autre se cache dans la tombe et respire à l'aide d'un roseau; il répond à la place du mort qu'il faut rendre à son frère ce qu'il lui doit.
3) Un des filous emporte l'héritage.

---

[1] Chauvin V. : BOA, VIII, n° 82, p. 106 (Histoire de Sâh Baht), Syntipas.

II. Versions

a) Meched I, 33 (Meched).

IV. Remarques

La version a se compose des types AT 1525N + 1532 + 1654 pour former un conte complexe.

[L'AMITIÉ DES DEUX COCUS]
TYPE AT 1534A (THE INNOCENT MAN CHOSEN TO FIT THE STAKE)

I. Motifs

1) Deux amis cocus arrivent dans une ville d'idiots et de fous. Le premier part; le deuxième y reste et devient apprenti chez un fruitier.
2) Un voleur enfonce une porte pourrie et se casse la jambe; il porte plainte. Le juge accuse le propriétaire qui rejette la faute sur le maçon et jusqu'au marchand de bas qui accepte d'être pendu. La potence étant trop haute, on se saisit de l'apprenti.
3) L'ami revient et fait croire au juge que le pendu ira au paradis; aussi le juge se fait pendre lui-même.
4) Les deux amis poursuivent leur voyage.

II. Versions

a) Meched III, 77 (Meched).

IV. Remarques

La version a suit la version a du type AT 1358B.

LE PETIT AHMAD
TYPE AT 1535 (THE RICH AND THE POOR PEASANT)

I. Motifs

1) Un cordonnier tue ses deux apprentis qui sont frères; leur cadet décide de venger leur mort.
2) Quand le cordonnier demande à l'apprenti de coudre une pierre, l'apprenti lui demande du fil d'œuf.
3) Le cadet tue l'amant de la femme du cordonnier qui lui donne de l'argent pour qu'il fasse disparaître le cadavre.
4) Voir version b type AT 1537.
5) Le cordonnier et sa femme partent pour une autre ville. Le cadet caché dans un coffre en sort durant la nuit et tue le cordonnier en le poussant dans la rivière.

II. Versions

    a) Meched I, 2 (Meched).

IV. Remarques

TTV 351 III.
Le motif 2 rappelle le motif 1 de la version b du type AT 879.
Ce conte est combiné avec la version b du type AT 1537 qui s'intercale
entre le motif 3 et le motif 5.

LES SEPT AVEUGLES

TYPE AT 1536B (THE THREE HUNCHBACK BROTHERS BROWNED)

I. Motifs

    1) Un filou abuse le fossoyeur, en faisant enterrer sept cadavres pour
le prix d'un seul, en lui faisant croire que c'est le même cadavre
qui revient.

II. Versions

    a) Meched I, 20 (Téhéran).
    b) ADF : n° 17 (Tchors).

III. Variantes

    b) 1) Le filou fait enterrer quatre cadavres pour le prix d'un seul, mais
il est tué par le fossoyeur qui le prend pour un cinquième cadavre.

IV. Remarques

La version a se compose des types AT 1536B + AT 1577.
La version b est une variante élargie de la version a ; elle se compose
aussi des mêmes types.

[LES AVEUGLES VOLÉS]

TYPE AT 1537 (THE CORPSE KILLED FIVE TIMES)

I. Motifs

    1) Un mendiant attache un cadavre sur un âne qui va brouter; le
cultivateur croit qu'il a tué le cavalier en lançant une pierre.
    Le mendiant réclame de l'argent, puis il fait enterrer le cadavre.

II. Versions

    a) Meched I, 39 (Meched).
    b) Meched I, 2 (Meched).

IV. Remarques

TTV 351 III, 359 III, 368.

La version a suit la version b du type AT 1577*.

La version b s'intercale entre les motifs 3 et 4 de la version a du type AT 1535.

[LE CHAUVE MALIN]
TYPE AT 1545A (LEARNING TO SLEEP IN BED)

I. Motifs

1) Avec l'aide d'un chauve malin, un prince intéresse une princesse, en faisant écorcher un chevreau vivant, en mettant la marmite à l'envers, en mettant la viande dans l'oreille, en se couchant les pieds en l'air pour que finalement la princesse se couche près de lui.

2) Le chauve chante la prière du matin; la princesse, surprise, le paie pour qu'il se taise.

II. Versions

a) Meched III, 81 (Meched).
b) Meched III, 88 (Meched).

III. Variantes

b) 1) Le frère cadet.
   2) Les trois frères font du bruit.

IV. Remarques

La version a se compose des contes type AT 655A + 655 + 1545A + 1654.

La version b se compose des contes type AT 1545A + 1654.

LES SEPT AVEUGLES
TYPE AT 1577* (BLIND ROBBER PAID BACK)

I. Motifs

1) Sept frères aveugles cachent leur argent dans des sacs qu'ils lancent en l'air.

2) Un voleur les surveille et s'empare de leur argent.

3) Le voleur revient le lendemain et tue les aveugles.

II. Versions

a) Meched I, 20 (Téhéran).

b) Meched I, 39 (Meched).

c) AMINI : Si Afsânè..., p. 117 (Ispahan).

d) ADF : n° 17 (Tchors).

III. VARIANTES

b) 1) Dispute entre un mendiant et un aveugle qui le vole.

    2) Le mendiant, à son tour, vole l'argent de l'aveugle au moment où il lance sa cassette en l'air.

    3) Le mendiant vole aussi un aveugle qui cache son or dans son manteau et un autre qui le cache dans sa canne.
Il confie trois boîtes aux aveugles qui les ouvrent.
Des abeilles s'en échappent et les attaquent. Les aveugles meurent de chagrin.

c) 1) Néant.

    2) Un aveugle vole un mendiant.

    3) Le mendiant vole l'aveugle et ses amis.

d) 1) Un naïf entend dire qu'à Ispahan, l'argent pleut. Il travaille, pendant un an, en attendant cette pluie. Mais il se fait voler par un aveugle.

    2, 3) Le naïf observe quatre aveugles, les vole et les tue.

IV. REMARQUES

TTV 345.

La version a est suivie du conte type AT 1536B.

La version b est suivie du conte type AT 1537.

LA FEMME DU RAMMAL [1]

TYPE AT 1641 (DOCTOR KNOW ALL)

I. MOTIFS

1) La femme d'un pauvre homme rencontre, au bain, la femme du devin royal et est jalouse de sa richesse. La pauvre femme oblige son mari à faire le métier de devin.

2) Il s'installe, comme devin, dans la rue. Le premier client veut retrouver son mulet perdu. Il lui conseille un laxatif; le muletier doit se soulager près d'une ruine et il retrouve son mulet.

3) Son deuxième client est un bijoutier qui a perdu une pierre précieuse. Il lui conseille de se donner un coup de bâton sous le menton en tenant sa barbe. La pierre, s'étant fichée dans le plafond, il la voit en inclinant la tête en arrière.

4) Sa troisième cliente est une esclave qui a perdu la bague de la

---

[1] Rammâl : devin. V. MASSE H. : Croyances et Coutumes persanes, p. 479.

princesse. L'esclave a un trou dans son pantalon et le devin dit :
«Je vois un trou avec des cheveux». L'esclave se souvient qu'elle
a mis la bague dans un trou du mur et l'a bouché avec des
cheveux.

5) Pour le perdre, les quarante autres devins royaux, jaloux, ont volé
le trésor du roi; ce dernier vient le consulter. Il demande quarante
jours de délai et achète quarante dattes; il mange chaque soir
un fruit et s'écrie : «En voici un!». Chaque soir, un autre devin
qui écoute à la porte se sent soupçonné. Le quarantième jour,
il mange le plus gros fruit et il s'écrie : «Voici le plus gros!».
Le chef qui est derrière la porte est si inquiet qu'il ramène le trésor
du roi, car il est certain d'être découvert.

6) Il devient devin royal. Le roi qui a saisi une sauterelle dans sa
main lui fait deviner ce qu'il y a caché. Le devin cite le proverbe :
«Tu as sauté une fois, sauterelle; tu as sauté deux fois, sauterelle; mais
la troisième fois, tu fus prise!».

II. VERSIONS

a) Meched II, 48 (Tchenârân).
b) CHRISTENSEN : Contes Persans en Langue Populaire, n° 52.
c) CHRISTENSEN : Persische Märchen, p. 100.
d) KOUHI : Pânzdah Afsânè..., p. 89 (Kerman).
e) LORIMER : Persian Tales, p. 9 (Kermâni Tales).
f) MASSE : Contes en Persan Populaire, n° XII.
g) SOBHI : Afsânèhâ, I, p. 119.

III. VARIANTES

b) 2, 3) Néant.
5) Néant. Remplacé : Il découvre les deux voleuses d'un bijou du roi
auxquelles il conseille de faire avaler le bijou par un canard
boîteux. Il le dénonce au roi qui retrouve son bijou.
6) Néant.

c) 2) Le mulet est remplacé par un chameau.
3, 4) Néant.
5) Entre le motif 5 et le motif 6 est intercalé le type AT 1646.

d) 2) Le mulet est remplacé par un chameau.
3, 4) Néant.
5) Entre le motif 5 et le motif 6 est intercalé le type AT 1646.

e) 2, 3) Néant.
7) Motif 1 du type AT 1646.
8) Par vengeance, la femme du nouveau devin en chef fait chasser
du bain la femme du prédécesseur.

f) 1) Jalousie d'une femme envers la femme du joueur de trompette
du roi, elle oblige son mari à faire ce métier.

2, 3, 4, 5, 6) Néant. Remplacé par les aventures du joueur de
trompette qui est roué de coups par des villageois, car ils célè-
brent un deuil. Il effraie des amants qui s'enfuient tout nus.
Il vole leurs vêtements.

g) 3) Néant.

    4, 5) Motifs inversés.

    7, 8) Motifs du type AT 1646 inversés.

    9) Le devin s'enfuit.

IV. REMARQUES

TTV 311.

Les versions b et c de CHRISTENSEN sont différentes. La version c est
une traduction du manuscrit de Mme Monchizâdeh.

Les versions c, d, e, g sont suivies du type AT 1646 dont les motifs
sont les suivants :

1) Le devin a si peur qu'il essaie de se faire passer pour fou; il arrache
la couronne de la tête du roi... un serpent qui était caché dans
la couronne s'enfuit!

2) Le devin entraîne le roi au jardin... le plafond de la pièce où
ils se trouvaient s'effondre!

Dans la version d, le roi est remplacé par un marchand.

[LES SEPT PAINS ET LE LAIT CAILLÉ DU DERVICHE]
Cf. TYPE AT 1642 (THE GOOD BARGAIN)

I. MOTIFS

1) Un derviche confie sept pains et un pot de lait caillé à une femme
dont les sept filles mangent les provisions. Le derviche reçoit, en
compensation, les filles, une à une, en mariage.

2) Le derviche demande à sa première épouse de faire d'une jarre,
deux jarres de blé; la femme stupide fait griller le blé qui double
de volume; le derviche la répudie.

3) La deuxième épouse dilapide du tissu, de l'huile et un pot de sirop;
le derviche la répudie.

4) La troisième épouse confie du coton à filer à une grenouille; à la
place du coton, elle trouve un lingot d'or qu'elle donne à un
marchand en échange d'un pot de « halvâ » dont elle fait une poupée;
le derviche la répudie.

5) La mère est obligée de reprendre ses filles, une à une, et de rendre
au derviche sept pains et un pot de lait caillé.

II. VERSIONS

a) Meched III, 78 (Meched).

b) Elwell-Sutton : Persian Tales, p. 42.

c) Lorimer : Persian Tales, p. 124 (Kermâni Tales).

d) Sobhi : Afsânèhâ, I, p. 130.

e) Sobhi : Afsânèhâ, I, p. 143.

III. Variantes

b) 1) Néant. Un homme a une femme qui est folle.

2, 3) Néant.

4) Le mari donne à sa femme du coton à filer; la folle le confie à la grenouille et elle trouve à la place du coton, une casserole d'or qu'elle donne au boulanger; le mari la répudie.

5) Néant.

6) Le mari la chasse, elle se confie à un chien et à un chat; elle revient sur un chameau.

7) Le mari voit les folies de sept autres femmes et il est content de retrouver la sienne.

c) 1) Un tisserand épouse sept fileuses.

2) La première femme met de la terre dans le riz; le mari la répudie.

3) La deuxième femme met du sel dans le « halvâ »; le mari la répudie.

4) La troisième femme met des morceaux de châle dans la soupe; le mari la répudie.

5) Néant.

6) La quatrième femme donne les provisions à un homme; le mari la répudie.

7) La cinquième femme utilise de l'huile et du miel pour réparer le toit; le mari la répudie.

8) La sixième femme donne son coton à filer à la grenouille; elle trouve un lingot d'or qu'elle offre au marchand à la place du « halvâ » dont elle fait une poupée.

9) La septième femme veut faire du vinaigre en mangeant du raisin et en buvant de l'eau; le mari la répudie.

10) Elle revient sur un chameau qui porte le trésor du roi. Le mari explique au roi que sa femme est folle et le roi ne soupçonne pas que son trésor est là.

d) 1) Néant. Remplacé par : un homme fait sécher ses chausses sur son toit; le vent les emporte chez son voisin qui les met. En compensation, le voisin lui offre sa fille.

2) La première épouse répare le toit avec du sirop et de l'huile; le mari la répudie.

3) La deuxième épouse couche l'âne dans le lit; le mari la répudie.

4) La troisième épouse confie le dîner à la grenouille, elle trouve un lingot d'or qu'elle offre à un marchand ; le mari la répudie.

5) Néant.

6) La femme revient sur un chameau qui porte le trésor du roi.

7) Le mari hache le chameau et fait croire à la femme que la viande tombe du ciel. Le roi, qui cherche son trésor, la prend pour une folle et ne croit pas ses paroles ; il ne retrouve pas son trésor.

e) 1, 2, 3) Néant.

4) La femme d'un orfèvre jette du coton à la rivière pour que la grenouille le file.

6) Le mari la chasse et elle revient sur un chameau chargé d'or que le mari cache.

7) Le roi cherche son chameau, la femme avoue ; en compensation, le mari doit faire une statue d'or pour le roi, mais l'orfèvre vole de l'or.

Le roi punit l'orfèvre en le murant dans un minaret, mais l'orfèvre met sa femme à sa place. Le roi admire sa ruse et le nomme vizir.

IV. REMARQUES

TTV 333 III.

La version a est incomplète, mais elle est la seule de notre collection. Les versions b, c, d, e sont complètes. De même la version de BORATAV[1] intitulée « Les Tisserandes » dont les motifs sont les suivants :

1, 2, 3) Néant.

4) La femme d'un bouvier fait tisser du fil par les grenouilles. Elle trouve de l'or qu'elle donne au potier en échange de pots. Elle casse les pots.

5) Néant.

6) Le mari la chasse, la femme revient sur un chameau qui porte le trésor royal.

7) Le mari cache l'or, fait passer sa femme pour folle quand elle le dénonce. Le mari garde le trésor.

Ce conte turc se rapproche du type AT 1642, mais il est différent.

LE TUEUR DE LION
TYPE AT 1651 (WHITTINGTON'S CAT)

I. MOTIFS

1) Un pauvre homme, qui ne possède qu'un chat, part en voyage avec lui.

[1] BORATAV P.-N. : Contes Turcs, p. 171.

2) Il arrive dans un village où les chats sont inconnus et qui est infesté de souris ; le chat tue les souris et est acheté par le gouverneur.

3) Le chat bondit sur le fils du gouverneur qui le fait mettre dans un sac et le confie à un cavalier pour qu'il le jette à la mer.

4) Au moment où il ouvre le sac, le chat bondit ; le cavalier tombe à l'eau et le chat revient, en ville, triomphant sur le cheval. Son maître le reprend et part avec lui.

II. VERSIONS

a) Meched I, 21 (Meched).
b) AMINI : Si Afsânè ..., p. 134.

IV. REMARQUES

TTV 45, 256 IV, 295 IV.
Les motifs des versions a et b sont identiques.

[LE CHAUVE MALIN]

TYPE AT 1654 (THE ROBBERS IN THE DEATH CHAMBER)

I. MOTIFS

1) Le chauve fait le mort pour recevoir de l'argent ; au lavoir des morts, il mord le laveur qui s'enfuit.

2) Le chauve se cache, avec un prince, dans une tombe ; ils effraient des voleurs et s'emparent de leur butin.

II. VERSIONS

a) Meched III, 81 (Meched).
b) Meched III, 88 (Meched).
e) Meched I, 33 (Meched).
d) CHRISTENSEN : Persische Märchen, p. 155.
e) LORIMER : Persian Tales, p. 220 (Bakhtiâri Tales).

III. VARIANTES

b) 1) Il mange le pain du laveur des morts pendant son absence ; il n'a pas le temps d'avaler avant son retour, aussi le laveur s'enfuit effrayé.

2) Les trois frères sortent des cercueils et les voleurs s'enfuient.

c) 1) Néant.

2) Les deux compagnons effraient les voleurs qui viennent au lavoir des morts et abandonnent leur butin.

d) 1) Un homme à la barbe clairsemée mange le « halvâ » du laveur des morts.

      2) Les deux hommes ont peur de voleurs et font semblant d'être des cadavres.

  e) 1) Un frère fait le mort, son frère le veille au lavoir.

      2) Des voleurs viennent partager leur butin, ils ont peur et s'enfuient.

IV. REMARQUES

TTV 353.

La version a se compose des types AT 655A + 655 + 559 + 1654.

La version b se compose des types AT 559 + 1654.

La version c se compose des types AT 1525N + 1532 + 1654.

La version d est une partie d'un conte complexe de même que la version e qui suit un conte qui ressemble au type AT 1525N.

CHAUVIN [1] analyse un conte intitulé « Lutte de Ruses » qui suit le type AT 1525N et se compose des motifs suivants :

1) Un filou contrefait le mort et récolte des aumônes.

2) Un autre filou essaie d'abuser de la femme du premier qui le surprend, mais préfère faire le mort pour ne pas partager les aumônes.

3) On l'enterre, mais il respire par un trou. Des voleurs qui partagent leur butin l'abandonnent et s'enfuient.

[LE MOINEAU MALIN]
TYPE AT 1655 (THE PROFITABLE EXCHANGE)

I. MOTIFS

  1) Un moineau veut échanger une brindille contre un pain, mais il emporte tout un panier.

     Il veut échanger les pains contre du lait, mais il emporte un mouton.

     Il veut échanger le mouton contre du «polow», mais il emporte la mariée.

     Il échange la mariée contre un tambourin, puis le tambourin contre du tissu dont il se fait une robe et il s'envole.

II. VERSIONS

  a) Meched III, 95 (Meched).

  b) SOBHI : Afsânèhâ-yé Kohan, I, p. 90.

  c) SOBHI : Afsânèhâ-yé Kohan, I, p. 198.

III. VARIANTES

  b) 1) Début : néant.

     Le moineau demande du coton, le fait filer, tisser et se fait faire un manteau, puis il s'envole.

---

[1] CHAUVIN V. : BOA, VII, n° 82, p. 106 (Syntipas).

c) 1) Un moineau demande à une vieille de lui enlever une épine
du pied et de lui donner un petit pain, mais elle donne le pain
à un derviche; aussi le moineau enlève une pelletée de pains
qu'il donne à des bergers auxquels il prend un bélier qu'il donne
à une noce où il prend la mariée qu'il donne à un mari auquel
il prend un tambour. Il chante toute l'histoire, mais il laisse
tomber le tambour qui se casse.

IV. REMARQUES

TTV 19.

Les versions a et b sont suivies des versions a et b du type AT 715A.
On peut comparer les versions persanes au conte de BORATAV [1] intitulé
«Le Corbeau qui Fut Piqué d'une Épine à la Patte» dont les motifs
sont les suivants :

1) Un corbeau est piqué par une épine qu'il apporte à une vieille
pour qu'elle la garde. Elle la fait brûler et lui donne une chandelle.
Puis il échange la chandelle contre une vache; la vache contre
une mariée; la mariée contre une flûte.

Le corbeau chante toute l'histoire sur la flûte.

LA MARMITE
TYPE AT 1696 (WHAT SHOULD I HAVE SAID?)

I. MOTIFS

1) Un idiot va chercher une marmite et répète, pour ne pas l'oublier,
ce qu'elle contient : «Un mann d'eau et un sir de sel».

2) Il répète cette parole aux semeurs de blé qui disent : «Un grain
donne mille grains».

3) Il répète cette parole à un homme qui cherche ses poux qui lui
dit : «Qu'ils meurent, qu'ils meurent tous!».

4) Il répète cette parole à un enterrement où on lui dit : «Dieu est
tout puissant; dites la sourate Fâtehè».

5) Il répète cette parole à une noce où on lui dit : «Soyez heureux,
lancez votre bonnet en l'air!».

6) Il répète cette parole à un chasseur qui lui dit : «Rampez en
silence!».

7) Il répète cette parole à un voleur qui lui dit : «Levez la tête, ayez
confiance en vous».

8) Il répète cette parole à un cheikh qui lui dit : «Prenez une page
du Coran, baisez-la, mettez-la sur vos yeux et cachez-la dans un trou».

9) L'idiot va au bain et voit un garçon de bain qui rase le gouverneur;

[1] BORATAV P.-N. : Contes Turcs, p. 41.

il pousse la feuille de papier dans un trou de son essuie; le garçon
fait un faux mouvement et coupe son client. Il a pitié de l'idiot
et l'invite à manger du délicieux «halim-rowghan».

10) Il répète en chemin «halim-rowghan» et l'oublie, puis il cherche
dans la rivière.

11) Un cavalier veut l'aider; l'idiot fait un renvoi et avoue que c'est
le mot qu'il cherche quand le cavalier lui demande s'il a mangé
du« halimé rowghan».

12) L'idiot arrive au village et a oublié combien il fallait mettre d'eau
et de sel dans la marmite!

II. Versions

a) Meched III, 91 (Meched).
b) Meched I, 27 (Tabas).

III. Variantes

b) 1) Une mère envoie son fils chercher une marmite contenant une
poignée, une poignée et demie.

2) Le cultivateur dit : «Que Dieu soit béni».

3) Un homme dont le sac de blé s'est déchiré dit : «Ne vous
fatiguez pas».

4) Un pauvre qui mange du pain dit : «Que ce soit doux à votre
âme».

5) Un homme que l'on bat, conseille de gémir et de pleurer.

6) A un mariage, on conseille d'applaudir et de jeter son bonnet
en l'air.

7) Le chasseur et le voleur : idem.

8, 9, 10, 11) Néant.

12) Il rentre au village, car on lui donne une marmite.

IV. Remarques

TTV 328. Ce même type est repris par Boratav[1] qui l'étudie dans
le tékerlémé type 52; les motifs turcs diffèrent des motifs persans qui
sont plus proches de ceux de la version d'un conte facétieux de
Crimée[2] ainsi que de ceux d'un conte tibétain[3].

---

[1] Boratav P.-N. : Le Tékerlémé, p. 108-111.

[2] Boratav P.-N. : Le Tékerlémé, p. 110 (Radloff : Proben..., VII, t. 1-3).

[3] Boratav P.-N. : Le Tékerlémé, p. 111 (Serruys : Notes marginales..., in *Han Hine*,
p. 141).

CONTES NON CLASSÉS

MARIAGE DE CHAH ABBAS
(RÉCIT - CADRE N° 1)

I. MOTIFS

    1) Le Châh, déguisé en derviche, devient amoureux et veut se marier.
    2) La jeune fille accepte à condition qu'il puisse la faire parler trois fois.
    3) Les trois contes : récit-cadre n° 2 + AT 653A + AT 653.
    4) La jeune fille parle trois fois et elle épouse le Châh.

II. VERSIONS

    a) Meched III, 72 (Meched).
    b) AMINI : Si Afsânè..., p. 31 (Ispahan).

III. VARIANTES

    b) 3) AT 653A + AT 945 + AT 976.

IV. REMARQUES

La version a est fort complexe, car elle inclut le récit-cadre n° 2 qui contient lui-même trois types. Ces versions sont analysées en suivant la classification des types AT.
Les motifs 2 et 3 de ce récit-cadre n° 1 peuvent se comparer avec le motif II du type AT 945, mais dans la version a, l'épisode de la poupée de bois est supprimé. (Cf. TTV 63, mot. 3-5).
On peut considérer ce récit-cadre comme « un conte à tiroirs » dont la forme est si répandue en Orient.

LA BAGUE PRÉCIEUSE
(RÉCIT - CADRE N° 2)

I. MOTIFS

    1) Trois femmes trouvent une bague et parient que celle qui inventera la meilleure ruse pour tromper son mari, recevra la bague.
    2) Les trois ruses : AT 1419E* + AT 1351 + AT 1419E.
    3) La patronne du bain à laquelle les trois femmes ont confié la bague, a disparu en volant le bijou.

II. VERSIONS

    a) Meched I, 23 (Meched).
    b) Meched III, 72 (Meched).
    c) CHRISTENSEN : Contes Persans en Langue Populaire, p. 107.

III. Variantes

b) 2) AT 1419E + AT 1351 + AT 1420D.
c) 2) AT 1351 + AT 1419E* + AT 1419E.

IV. Remarques

La version b se retrouve dans la première partie du motif 3 de la version a du récit-cadre n° 1 : Mariage de Châh Abbâs.
On peut comparer ce récit-cadre n° 2 au type AT 1406 (The Merry Wives Wager) bien qu'il soit assez différent.

[LA VILLE DES PIERRES]

I. Motifs

1) Un div dévore, chaque jour, un enfant et il pétrifie ceux qui l'attaquent.
2) Lorsque le fils du gouverneur de la ville est emporté par le div, son père envoie l'armée l'attaquer, mais tous les soldats sont pétrifiés.
3) Un jeune homme courageux combat le div en lui jetant des aiguilles dans la bouche, du sel dans les yeux et du pétrole sur le corps. Le div flambe.
4) Le jeune homme trouve un diamant dans une caverne et il ressuscite tous les hommes pétrifiés sauf le gouverneur, en faisant passer le soleil à travers le diamant.
5) Le jeune homme épouse la plus jolie fille de la ville et il remplace le gouverneur.

II. Versions

a) Meched IV, 103 (Meched).

IV. Remarques

TTV 239 (10-17).
On peut rapprocher cette version du motif III (the children's adventures) du conte type AT 707 (The three Golden Sons); le héros ou l'héroïne réussit aussi à accomplir une tâche difficile.
On peut comparer la version a avec le type AT 300 (The Dragon Slayer) et avec le type AT 550-551 (Search for the Golden Bird). Mais on pouvait aussi la comparer avec le Cycle de l'Ogre Stupide, AT 1000-1199.

CHAHZADEH EBRAHIM

I. Motifs

1) Un vizir musulman, qui est devin, prédit sa propre mort. Il découvre un trésor et est tué par un vakil infidèle.
2) Le fils du vizir est aussi voyant, il devine que le vakil est le meurtrier de son père et veut le venger.
3) Le roi demande au vakil d'interpréter son rêve. Le vakil est obligé de passer par les volontés du fils du vizir qui l'oblige à lui servir de monture, puis il le dénonce au roi qui le fait brûler.
4) Explication du rêve : bouquet de roses sur la tête = puissance sur la terre entière; un aigle descend du ciel pour ravir le bouquet = le vakil veut s'emparer du royaume; le roi lève la main droite en l'air et retient le bouquet = grâce à son vizir, le roi a gardé son royaume.
5) Le fils du vizir succède à son père.

II. Versions

a) Meched II, 49 (Tchenârân).

IV. Remarques

On pourrait rapprocher le motif du rêve qu'il faut expliquer du type AT 725.
On peut aussi comparer cette version au type AT 516A (TTV 125 IV).

LE PAUVRE ARRACHEUR DE BROUSSAILLES
ET LE JARDIN DES DIVS

I. Motifs

1) Un pauvre arracheur de broussailles découvre le jardin enchanté des divs et chaque jour, il va voler leur nourriture.
2) Sa femme et ses enfants l'accompagnent mais les divs reviennent, les voleurs ont peur et se cachent.
3) Mais les divs ont aussi peur et ils s'envolent.

II. Versions

a) Meched III, 93 (Meched).

IV. Remarques

On peut rapprocher cette version des types AT 1049, 1060, 1115 et 1640 (TTV 162).

LE MARIAGE DU PRINCE MASS'OUD

I. MOTIFS

1) Un prince demande la main d'une princesse que le roi refuse en prétextant la folie de sa fille.
2) Le prince et son vizir, déguisés en marchands, s'installent comme orfèvres pour approcher la princesse par l'intermédiaire de sa nourrice. Ainsi le prince lui fait une déclaration d'amour.
3) La princesse refuse l'amour du prince et la nourrice explique qu'un rêve qui prouve l'infidélité des hommes en est la cause; une pigeonne est attrapée par un chasseur et son mâle ne l'aide pas à se sauver, mais il l'abandonne.
4) Le prince et son vizir, déguisés en maçons, réparent et transforment la fresque du pavillon royal qui illustre le rêve en montrant que le pauvre pigeon s'est sacrifié, car un faucon l'a tué.
5) La princesse devient amoureuse du prince, le roi les surprend, mais il pardonne et autorise le mariage.

II. VERSIONS

a) Meched III, 71 (Meched).

IV. REMARQUES

Ce conte ressemble fort au conte des « Mille et une Nuits » intitulé « Ardašîr » [1].
On peut aussi le comparer au type AT 1510 (TTV 278) et AT 900 (TTV 190).

AVENTURES À BAGDAD

I. MOTIFS

1) Un jeune homme épouse sa cousine et part, avec elle, en voyage.
2) Chaque jour, il délaisse sa femme et fréquente une amie. Pendant son absence, sa femme est enlevée par un capitaine.
3) Il part à la recherche de sa femme, il la retrouve et la tue.
4) Il demande la fille du roi en mariage. Quand la princesse se dévoile, il reconnaît son amie.

II. VERSIONS

a) Meched II, 47 (Tchenârân).

IV. REMARQUES

Les motifs 1 et 2 rappellent le début du conte des « Mille et une

---

[1] CHAUVIN V. : BOA, V, n° 59, p. 124.

Nuits» intitulé«Les Amants de Syrie»[1] dont les motifs sont identiques à ceux de «La Jeune Fille d'Irak» de «Tchehel Touti».

ADJIL-E MOCHKEL-GOCHA

I. Motifs

1) Un pauvre fait le vœu de donner des «âdjil» aux pauvres.
2) Il reçoit des cailloux qui se transforment en gemmes.
3) Il est accusé, injustement, du vol du collier de la princesse et il est jeté en prison.
4) Un pigeon lui conseille d'accomplir son vœu; il retrouve la liberté et la richesse.

II. Versions

a) Meched I, 36 (Tabas).
b) Hedayat : Neiranguestân, p. 27.
c) Lorimer : Persian Tales, p. 48 (Kermâni Tales).

III. Variantes

b) 1) Un cavalier récompense un pauvre en lui offrant des cailloux qui se transforment en gemmes.
2) Il fait le vœu de donner des «âdjil» aux pauvres.
3) Il oublie son vœu; il est accusé, ainsi que sa femme, du vol du collier de la reine; ils sont jetés en prison.
4) En rêve, l'Imâm Ali lui conseille de donner des «âdjil» aux pauvres pour accomplir son vœu. Un passant refuse de l'aider, son mariage devient un deuil; un autre passant accepte et son malade guérit. Le pauvre devenu riche est libéré ainsi que sa femme et il retrouve ses biens.
c) 2) Un pauvre homme reçoit des cailloux d'un cavalier qui lui conseille de donner des «âdjil» aux pauvres.
3) Sa fille est accusée du vol du collier de la princesse.

IV. Remarques

Ce conte des «âdjil-é mochkel-gochâ» (fruits secs qui dénouent les les difficultés) se raconte au moment où l'on offre des fruits secs aux pauvres pour qu'un vœu s'accomplisse. Cette coutume est très répandue en Iran.

---

[1] Chauvin V. : BOA, V, n° 30, p. 94.

MECHEDI HASSAN KHORASSANI

I. Motifs

1) Un habitant du Khorassan part aux Indes pour suivre l'enseignement d'un derviche et lui apporte de l'opium comme cadeau.
2) Le maître accepte le cadeau. Il fait préparer du pain par son nouveau disciple.
3) Le disciple voit sept cavaliers qui le choisissent comme roi et l'emmènent dans leur pays.
4) Le disciple règne, mais il refuse, à son maître qu'il méprise, l'épée aux émeraudes, le cheval ailé et sa favorite.
5) Le disciple se retrouve tout à coup occupé à préparer le pain ; le derviche le renvoie chez lui, car il n'a pas la vocation, il lui offre une poignée de poussière.
6) Quand l'habitant du Khorassan arrive chez lui, la poussière se change en or et en bijoux.

II. Versions

a) Meched III, 67 (Bodjnord).

IV. Remarques

Le motif 6 rappelle le motif 2 du conte «Adjil-é mochkel-gochâ»

LE TRÉSOR DE GHAROUN

I. Motifs

1) Un pauvre arracheur de broussailles demande conseil au Prophète qui lui répond de prendre une femme et, ainsi de suite, quinze fois.
2) La quinzième épouse organise un atelier de fileuses de coton et achète un âne à son mari.
3) Le vizir apprend que cet âne est magique et il l'achète au mari ; ce dernier suit les messagers qui se tuent mutuellement au moment où l'âne découvre un trésor ; le mari s'en empare.
4) Le nouveau riche oublie la loi du Prophète. Celui-ci le punit et l'ensevelit jusqu'au cou. A ce moment, il se repent et le Prophète lui pardonne.

II. Versions

a) Meched III, 59 (Meched).

IV. Remarques

A la lecture de notre traduction, H. Masse nous rappelait par une note manuscrite la réminiscence de l'engloutissement du Coré de la Bible (Nombres XVI) et du Qâroun du Coran (XXVIII, 76-82; XXIX, 38; XL, 25).

[HASSAN LE COLPORTEUR]

I. Motifs

1) Un colporteur se cache dans une ferme et mange un plat destiné à l'amant de la fermière.
2) L'amant vient, il se cache dans un coffre au retour du mari.
3) Le colporteur se cache dans une jarre; le mari le découvre et le prend pour l'amant. Le colporteur dénonce l'amant; le mari se bat avec l'amant et le colporteur s'enfuit sur le toit.
4) Le colporteur tombe du toit; le mari, la femme et l'amant ont si peur qu'ils se sauvent sur le toit du voisin, le colporteur les rejoint.
5) Ils tombent tous les quatre dans la chambre nuptiale de leur voisin. Les mariés s'enfuient et le colporteur aussi.

II. Versions

a) Meched III, 76 (Meched).
b) Meched III, 76 (Meched) (suite de la version a).
c) Meched II, 53 (Tchenârân).
d) Christensen : Persische Märchen, p. 155.
e) Christensen : Persische Märchen, p. 155 (suite de la version d).

III. Variantes

b) 1) Le colporteur part en voyage, il rencontre une femme qui lui affirme qu'il est son mari.
2) Il va chez la femme qui le jette dehors tout nu, lorsqu'il prend un bain. Il se cache au bas de l'escalier d'un puits.
3) Au matin, un prêtre descend l'escalier; le colporteur trouve une tête coupée qu'il lui lance à la tête; le prêtre s'évanouit, le colporteur revêt ses habits.
4) Des nomades prennent le colporteur pour un prêtre et lui demandent d'ensevelir un mort; le colporteur jette le corps dans un étang; le corps flotte; alors il le tire avec une corde et la tête se détache; il la recoud à l'envers. Les nomades l'accusent et il s'enfuit.
c) 1) Un Kurde vient en pèlerinage à Meched; il est abusé par une

femme qui l'oblige à reconnaître qu'il est le père de son enfant et à la suivre chez elle.

2) Il devient l'amant de la femme et est caché avec trois autres amants au moment où le mari rentre.

3) Le mari découvre les amants qu'il prend pour des voleurs. Le pélerin s'enfuit au cours de la dispute.

d) 1) Un opiomane se cache dans une maison.

4, 5) Néant.

e) 1) Un opiomane est abusé par une femme qui le trompe et lui abandonne son enfant.

2, 3, 4, 5) Néant. Remplacé par : Voulant abandonner cet enfant dans une mosquée en ruine, il trouve un deuxième enfant qu'on l'oblige à reconnaître.

IV. REMARQUES

TTV 358.

Le motif 4 de la version b peut être comparé avec TTV 361.

Les versions a et b sont des variantes d'un même type qui se suivent pour former un conte complexe. De même, les versions d et e sont des parties d'un conte complexe.

Les motifs 2 et 3 sont semblables aux motifs analysés par P.-N. BORATAV[1]. Ces motifs forment un tékerlémé dont l'auteur cite sept versions proches de la version a.

RUSES D'UNE FEMME DE MECHED

I. MOTIFS

1) Une femme abuse un bijoutier et l'attire chez un médecin.

2) La femme abuse le médecin en lui faisant croire que le bijoutier est son mari et qu'il veut être circoncis.

3) Pendant l'opération forcée du bijoutier, la femme vole les bijoux et s'enfuit.

II. VERSIONS

a) Meched II, 54 (Tchenârân).

IV. REMARQUES

TTV 368 III. Ce type contient des motifs qui ressemblent à ceux de la version a :

1) Une femme déterre le corps d'un enfant qu'elle porte chez un orfèvre.

---

[1] BORATAV P.-N. : Le Tékerlémé, type n° 51D, appendice 1, n° 23, p. 101-103.

2) Elle confie le corps à l'orfèvre sous prétexte d'aller chercher de l'argent.

3) Quand elle revient, elle prétend que son enfant vient de mourir pendant son absence et elle exige des dommages.

[CONSEIL POUR GARDER UN MARI]

I. MOTIFS

1) Un vieillard conseille à une femme d'apporter des poils de loup pour reconquérir l'amour de son mari.

2) La femme est obligée d'apprivoiser un loup pour lui prendre des poils.

3) Le vieillard lui conseille de faire de même avec son mari.

4) Elle retrouve son affection grâce à sa patience.

II. VERSIONS

a) Meched I, 1 (Meched).

[CONTE DE NOURRICE]

I. MOTIFS

1) Un commerçant, qui vit seul avec sa vieille mère, se marie. Le mari part en voyage et confie sa mère à son épouse.

2) A son retour, le mari trouve sa mère qui a couvé des œufs. Ils mangent, chaque jour, des poussins pour la débarasser de son tourment.

3) Le mari repart en voyage et pendant son absence, son épouse vend sa belle-mère à des troubadours.

4) A son retour, son épouse prétend que sa belle-mère est morte.

5) Le mari rencontre les troubadours, rachète sa mère et chasse sa femme.

II. VERSIONS

a) Meched I, 5 (Birdjand).
b) Meched III, 83 (Meched).

III. VARIANTES

b) 2) Le commerçant répudie sa femme et en choisit une seconde.

3) La seconde femme attache des clochettes aux pieds de sa belle-mère pendant l'absence de son mari. Le mari répudie sa seconde épouse et en choisit une troisième.

IV. Remarques

Être dans la situation de couver des œufs se retrouve dans les types
AT 1218 et AT 1677, mais les motifs de ces types sont différents.

[TANTE CORNEILLE ET ONCLE CHIEN]

I. Motifs

1) La corneille vit seule dans son nid au haut d'un peuplier du
   Turkestan.
2) Un chien creuse sa tannière au pied de l'arbre.
3) Le chien et la corneille se marient et vivent heureux.
4) Ils recueillent un lapin et un chat qui désobéissent et sont dévorés
   par des bêtes sauvages, mais le petit coq est sage; aussi ils vivent
   sans soucis avec lui.

II. Versions

a) Meched IV, 101 (Meched).

IV. Remarques

Ce conte qui est plutôt une anecdote, est racontée en langue populaire
de Meched.

[LA VIEILLE QUI RECUEILLE DES ANIMAUX]

I. Motifs

1) Une vieille recueille un âne, un corbeau, un pigeon, un moineau
   et un chien.
2) Au matin, chacun lui fait un cadeau : l'âne, du crottin frais;
   le corbeau croasse pour réveiller le maître; le pigeon, par ses
   roucoulements, l'attire sur le toit; le moineau pond des petits œufs;
   le chien aboie pour chasser les voleurs.
3) La vieille garde tous les animaux qui sont très utiles.

II. Versions

a) Meched III, 94 (Meched).
b) Sobhi : Afsânèhâ-yé Kohan, I, p. 101.

III. Variantes

b) 1) La vieille recueille un moineau, un âne, une poule, une corneille
      et un chien.

IV. Remarques

La version a est fort jolie car elle reprend comme une ritournelle,
la même phrase à l'arrivée de chacun des animaux ainsi qu'à leur départ.

CONTES TRADUITS

Conte n° 1

[LE LOUP QUI PERDIT SA QUEUE]
(Meched IV, 102 - AT2)

Il était une fois, il n'était pas une fois, à part Dieu, il n'y avait personne.
Il était un loup qui, chaque nuit, attaquait un troupeau de moutons.
Il prenait un mouton, lui arrachait la poche de graisse placée sous la queue
et la mangeait. Ce loup ne se contentait pas d'un seul mouton pour
se rassasier. Depuis peu, il mangeait aussi des renards, des lapins, et
des chacals jusqu'à ce que tout le monde fût à bout de patience. Les hommes
et les animaux s'unirent pour le tuer et se débarrasser de lui. Mais, comme
aucune ruse ne réussissait, un soir, les chiens, les chacals, les renards,
les lapins, les tortues, les porcs-épics, les hérissons, les bouquetins et
les gazelles, enfin tous se réunirent dans un jardin. Ils tinrent conseil
afin de réfléchir comment faire disparaître ce loup qui les tourmentait tous.
Ce soir-là, chacun dit quelque chose jusqu'à ce que ce fût le tour de Maître
Renard auquel on dit :
— Toi qui es célèbre pour tes ruses et tes tours, agis et débarrasse-nous
de lui !
Maître Renard répondit qu'il était prêt à faire disparaître le loup à
condition qu'on accepte de lui servir son repas régulièrement jusqu'à la fin
de sa vie et que personne ne l'ennuie. Tous acceptèrent, mais, de peur
de perdre la vie, ils restèrent dans la bergerie pendant que le renard
partait pour faire disparaître le loup.
La nuit, le renard pêcha un grand poisson dans le ruisseau ; à la pointe
du jour, il alla se poster au sommet d'une colline. Tout à coup, le loup
apparut au loin. Le renard baissa la tête et se dirigea vers lui. Lorsqu'il
arriva près du loup, celui-ci demanda :
— Pourquoi ne manges-tu pas ton poisson ?
Le renard répondit :
— J'en ai tant mangé que je suis rassasié. Maintenant, je vais porter
ceci à ma femme.
— Tu dois me le donner, car j'ai grand faim.
Le renard le jeta devant le loup qui happa le poisson et se tourna vers
le renard en disant :
— Dis-moi où tu l'as attrapé ; sinon je te tue.

Le renard répondit :

— Là-bas, il y a un étang; le soir, je vais sur la glace, j'y fais un trou avec ma patte et j'y introduis ma queue. Les poissons viennent s'y coller et vers l'aube, je retire ma queue d'un coup. Je recueille dix ou quinze grands poissons que je mange.

Le loup dit :

— Désormais, cet étang m'appartient, on ne doit plus t'apercevoir aux alentours.

Ils se dirent adieu et s'en allèrent. La nuit suivante le renard réunit tous les animaux qui se cachèrent derrière les arbres. Le loup vint au bord de l'étang, cassa la glace et introduisit sa queue dans l'eau. A l'aube, le renard ordonna aux animaux de se précipiter sur le loup. Mais sa queue étant bien gelée, le loup ne put la retirer. Les gazelles lui donnèrent des coups de cornes, les porcs-épics lui lancèrent des piquants et chacun fit quelque chose contre lui jusqu'à ce qu'il s'évanouît. Après quelques instants, d'un coup, il bondit pour se sauver, mais sa queue fut arrachée. Les animaux eurent peur que le loup ne les attaquât, mais le loup s'enfuit à toute allure et il ne revint plus jamais à cet endroit.

Tous furent débarrassés de lui et on donna à Maître Renard tout ce qu'il voulut.

Notre histoire est terminée, mais le corbeau boîteux n'est pas rentré chez lui.

Conte n° 2

LE RENARD PIEUX

(Meched I, 41 - AT 20D*)

Dans un quartier, la boutique du boucher se trouvait à côté de la teinturerie. Parfois, le boucher jetait des os sur le toit de la teinturerie et la nuit, un renard y allait pour en manger la viande. Par une nuit de clair de lune, il se rendit sur le toit, selon son habitude. La clarté de la lune éclairait l'intérieur de la boutique par un trou du toit. Il crut que c'était la graisse d'une queue de mouton[1] et il se glissa dans la pièce pour la manger.

Par hasard, il tomba dans un tonneau de couleur et il fut teint en bleu! Il attendit derrière la porte qu'on l'ouvrît. Le patron du magasin qui revenait, tôt le matin, de la mosquée, ouvrit la porte. En entrant dans sa boutique, il eut peur du renard qui voulait s'enfuir et il laissa tomber,

---

[1] Dombè : boule de graisse blanche située sous la queue du mouton. Comparaison avec la lune.

autour du cou de l'animal, son chapelet qu'il tenait à la main. Le renard l'emporta en prenant la fuite. En chemin, il rencontra par hasard un coq qui lui demanda :

— Maître Renard, toi qui es vêtu de bleu[1] et qui portes le chapelet au cou, où vas-tu ?

Le renard répondit :

— Je pars en pèlerinage à La Mecque ; je vais me repentir pour qu'après cela, je ne mange plus d'animaux.

Le coq demanda :

— Veux-tu un compagnon de route ?

Le renard répondit :

— Il vaut mieux être deux que seul.

Ensemble, ils se mirent en route. Ensuite, ils rencontrèrent un chien qui, en s'étonnant de les voir, demanda :

— Où allez-vous ?

Ils racontèrent leur aventure. Le chien dit :

— Voulez-vous un compagnon de route ?

Ils répondirent :

— Il vaut mieux être trois que deux.

Tous se mirent en route. Ils rencontrèrent un âne qui leur demanda :

— Où allez-vous ?

Ils répondirent :

— Nous allons nous repentir.

— Voulez-vous un compagnon de route ?

Ils dirent :

— Il vaut mieux être quatre que trois.

Tous se mirent en route. Lorsqu'ils arrivèrent près d'un jardin, le renard qui avait très faim, voulut manger le coq, mais celui-ci s'envola et se posa sur la porte du jardin. Le coq qui avait peur et était saisi dit au renard :

— Ne vas-tu donc pas à La Mecque pour te repentir ?

Le renard répondit :

— Je suis affamé ; que faut-il faire ?

Le renard qui avait faim entra par la porte du jardin pour manger du raisin.

Mais, d'une part, le coq se mit à chanter et d'autre part, le chien se mit à aboyer, car il n'avait pas pu entrer dans le jardin comme le renard ; l'âne aussi se mit à braire. Le propriétaire entendit les cris des animaux et il comprit qu'un voleur était venu là. Il se dirigea en hâte vers le renard ; il l'empoigna et le battit violemment et en même temps, l'âne se poussa contre la porte pour qu'elle ne s'ouvre pas. On roua de coups le pauvre renard qui n'avait aucun moyen de fuir, tandis que les autres animaux étaient bien à l'aise.

[1] Couleur habituelle des vêtements des derviches.

Voilà la conséquence de la camaraderie avec ceux qui sont d'une autre espèce.

Conte n° 3

LE LION ET LA SOURIS

(Meched I, 42 - AT 92)

Un lion vivait dans la forêt; lorsqu'il avait faim, il mangeait les autres animaux, aussi tous étaient tourmentés par la conduite du lion. Par hasard, un jour, une souris vint en cet endroit; elle rassembla tous les animaux, sauf le lion qui les dévorait et leur dit :

— Je vais convenir avec le lion de lui envoyer chaque jour l'un de vous, tiré au sort, pour qu'il ne tourmente pas les autres animaux.

Le premier jour, on envoya une panthère au lion. Le deuxième jour, ce fut le tour de la souris. Elle n'alla pas au moment prévu, mais elle s'attarda jusqu'à midi, puis, pas à pas, elle se dirigea à travers les herbes vers le lion. Lorsqu'elle arriva près de lui, le lion demanda :

— Pourquoi as-tu tardé?

La souris mentit et dit :

— En chemin, un autre lion m'a poursuivie, mais comme il a trouvé une autre souris, il a renoncé à moi et m'a laissé partir; alors tous deux sont descendus dans un puits. Viens avec moi pour que je t'y conduise et que tu les voies.

La souris monta sur le dos du lion qui se dirigea vers le puits. Lorsqu'ils arrivèrent près du puits, la souris se plaça devant le lion; ils se reflétèrent dans l'eau et la souris montra au lion leurs reflets. Le lion sauta dans le puits et il eut beau faire des efforts, il ne parvint pas à en sortir. De cette manière, les animaux furent débarrassés de lui et la souris raconta l'aventure aux autres animaux.

Conte n° 4

UN COQ ET SES CAMARADES

(Meched I, 30 - AT 130)

Il était quelqu'un, il n'était personne, à part Dieu, il n'y avait personne.

Il était un homme et une femme qui avaient un coq. Un jour, l'homme dit à sa femme :

— Femme, aujourd'hui, nous n'avons rien à manger, tuons ce coq!

Le coq entendit ces paroles et le jour même, il prit la fuite jusqu'à ce qu'il arrivât dans un endroit où il y avait un chat auquel il demanda :

— Où vas-tu?

Le chat répondit :

— Mon maître voulait me tuer, j'ai donc fui et je suis venu ici.

Le coq dit :

— Moi, de même.

Puis tous deux se mirent en route et marchèrent jusqu'à ce qu'ils rencontrassent un chien qui s'enfuyait sur la route. Ils s'avancèrent et demandèrent :

— Où vas-tu avec une telle hâte?

Il répondit :

— On voulait me tuer; je me suis enfui.

Le coq et le chat dirent :

— Nous aussi, de même.

Ensuite, le chien, le chat et le coq se mirent en route jusqu'à ce qu'il vissent un âne auquel ils demandèrent :

— Où vas-tu?

Il répondit :

— On voulait me tuer, j'ai donc fui la maison de mon maître et je suis venu ici.

Puis l'âne, le coq, le chat et le chien se mirent en route. Il marchèrent jusqu'à ce qu'ils arrivassent près d'un arbre.

De peur du chat, le coq sauta sur l'arbre. De peur du chien, le chat aussi monta dans l'arbre. De peur de l'âne, le chien monta sur une branche qui se trouvait sous celle du chat. Mais l'âne eut beau essayer de monter aussi dans l'arbre, il ne le put. Soudain, il vit une lueur au loin et dit :

— Camarades, venez! Allons vers ce lieu éclairé.

Tous se mirent en route et marchèrent jusque là. L'âne dit :

— J'ai mal à la patte, je marche en boîtant; que chacun d'entre nous pousse un cri.

Tous acceptèrent. L'âne resta debout; le chien monta sur l'âne; le chat monta sur le chien; le coq monta sur le chat et ils se mirent à crier. Le coq dit :

— Gho-gholi-gho-gho.

Le chat dit :

— Miau-miau.

Le chien aussi se mit à aboyer et l'âne à braire. C'était une maison de voleurs qui se trouvait là-bas; aussi lorsqu'ils entendirent ces cris, croyant que les policiers étaient venus, ils se levèrent et prirent la fuite.

L'âne, le chien, le chat et aussi le coq entrèrent dans la maison et dans un coin, ils trouvèrent un sac plein d'orge. L'âne se mit à le manger. Dans un autre coin, ils trouvèrent aussi un sac de blé et le coq se mit à manger le grain. D'un autre côté, il y avait aussi du pain et le chat se mit à manger. Le chien aussi trouva un morceau d'un gros os et se mit à le manger. Jusqu'à ce que finalement tous les quatre fussent rassasiés. Mais l'un des voleurs dit :

— Il serait bon que je parte pour avoir des nouvelles de la maison.

Puis il se mit en route jusqu'à ce qu'il arrivât à la maison. Il vit qu'il y avait un âne, un chien, un chat et un coq. Comme il entrait dans la maison, l'âne lui lança un bon coup de sabot dans le flanc, le chat lui griffa le visage ; le coq vola sur sa tête et lui arracha les cheveux un à un ; le chien déchira ses vêtements et ils le tuèrent.

Conte n° 5

LE CHAUVE

(Meched I, 8 - AT 306)

Il était quelqu'un, il n'était personne, à part Dieu, il n'y avait personne.

Il y avait, autrefois, un roi qui avait sept filles. Elles étaient grandes et très belles, mais le soir, sans permission de leur père, elles allaient se promener et celui-ci essayait de savoir où elles se rendaient. Il mit des gardes devant et à l'intérieur du palais et aussi dans les avenues, mais plus il essayait moins il obtenait de résultat. Il ne savait rien des randonnées de ses filles jusqu'au jour où il annonça que celui qui pourrait comprendre par où ses filles passaient et où elles allaient le soir, recevrait l'une d'elles en mariage ainsi qu'une récompense, mais que si après avoir dormi trois nuits dans sa demeure, il ne trouvait pas le secret des promenades nocturnes de ses filles, il lui couperait la tête.

Nombreux furent ceux qui se présentèrent, mais ils s'endormirent les trois nuits et ne comprirent ni quand ni comment les jeunes filles sortaient du palais et par conséquent, ils perdirent la vie.

Peu à peu, le sujet fut oublié et le roi fut désespéré jusqu'au jour où un chauve appelé Ahmad fut mis au courant de la question et se mit en route pour éclaircir ce problème à fond. En chemin, il rencontra une vieille femme de ses connaissances qui lui demanda :

— Ahmad, où vas-tu ?

Il répondit :

— Eh, Mère, j'ai entendu dire que le roi avait mis une telle condition ; maintenant je vais y aller ; peut-être que Dieu m'aidera, que je pourrai résoudre le problème et gagner cette récompense.

La vieille femme dit :

— O Ahmad, viens, renonce à cela, car beaucoup y ont été et n'ont pas pu résoudre le problème ; toi aussi, tu seras sacrifié et ce sera dommage.

Bref, elle eut beau lui donner des conseils, ce fut sans résultat. Ahmad dit :

— O Mère, je ne suis rien de plus qu'un «bon à rien», ou la chance m'aidera et je possèderai la fortune ou bien je serai tué et je serai délivré de cette vie pleine de peine et de douleur.

Lorsque la vieille vit que ses paroles n'avaient pas d'influence sur lui, elle dit :

— Bien, cher garçon, puisque tu as pris la décision de te tuer, viens ici et accepte de moi un cadeau.

Elle ouvrit les coins de son mouchoir et retira une petite tabatière, elle la lui donna et dit :

— Le soir, lorsque tu iras te coucher, tu mettras ce tabac devant ton nez parce qu'il possède la propriété de t'empêcher de dormir. Au moment de leur promenade, les jeunes filles répandent dans la chambre un médicament qui endort, mais ce tabac l'empêchera d'agir sur toi. Prends ceci et pars avec l'espoir que Dieu t'aidera.

Ahmad le prit, dit au revoir, se rendit au palais du roi et annonça :

— Je suis un candidat qui se présente aux conditions proposées par le roi.

On informa le roi qu'un tel jeune homme était venu comme candidat pour le concours. Le roi lui donna audience et dit :

— O jeune homme, sache que, si au bout de trois nuits tu ne comprends pas le problème, je te couperai la tête.

Il accepta et resta au palais. On donna à Ahmad, la chambre voisine de celle des filles du roi afin qu'il y dormît. Mais Ahmad, selon les ordres de la vieille femme, mit la prise de tabac devant son nez et fit semblant de dormir. A minuit, les jeunes filles s'éveillèrent et l'une d'entre elles vint appeler Ahmad, mais il ne répondit pas. La jeune fille s'en retourna et dit à ses sœurs :

— Dépêchez-vous, il s'est endormi !

En hâte, les sœurs mirent des robes superbes, elles se fardèrent, tout en se moquant d'Ahmad et dirent :

— Celui-ci aussi est sacrifié !

Elles sortirent de la chambre. Ahmad aussi se leva tout doucement et se mit en route derrière elles. Elles entrèrent dans le jardin du palais et elle frappèrent trois coups au tronc d'un gros arbre. Une grande porte s'ouvrit à l'intérieur et les jeunes filles entrèrent dans l'arbre. Tout étonné, Ahmad, au bout d'une minute, lui aussi donna trois coups de même, et l'arbre s'ouvrit ; il y entra et arriva dans un grand jardin où il vit de hauts arbres dont les feuilles étaient de diamant et les branches d'or ; des rossignols chantaient, le sol était couvert d'herbe et de fleurs. Les jeunes filles en parlant et en riant, s'avançaient le long d'une allée. Avec joie, Ahmad cassa une branche. La cadette entendit un bruit et se retourna, mais Ahmad se cacha vite derrière un arbre. Elle dit à ses sœurs :

— Venez, retournons ; ce soir, je suis inquiète ; ce garçon est très malin et certainement, il nous jouera un tour.

Mais ses sœurs rirent d'elle. Aussi Ahmad les suivit jusqu'à ce qu'il arrivât au bord d'une large rivière sur laquelle se trouvaient des barques majestueuses; dans chacune, un beau jeune homme grand, fort et bien fait, était assis. Chaque jeune fille monta dans un bateau différent et s'y assit; en ramant, elles s'éloignèrent en s'amusant. Ahmad resta là un certain temps et de loin, le bruit de rires, de chants et de musique parvenait à son oreille. Cela dura jusqu'à l'aube; alors, le bruit cessa, Ahmad comprit qu'à ce moment, les jeunes filles allaient rentrer. Il retourna, cueillit encore quelques branches et feuilles des arbres puis il sortit comme il était entré : il frappa trois coups sur l'arbre qui, de nouveau, s'ouvrit; ensuite, il alla dormir à sa place. Quelques minutes plus tard, les jeunes filles entrèrent et elles virent qu'Ahmad dormait; elles se réjouirent et se couchèrent. Au matin, le roi appela Ahmad à son audience et lui demanda :

— Eh bien, qu'as-tu vu hier soir?

Ahmad dit :

— Hier soir, je me suis endormi, donnez-moi la permission de rester ici encore deux nuits.

Le roi eut beau tout faire pour qu'Ahmad acceptât de retourner chez lui, il n'obéit pas.

A la troisième nuit, il dit au roi ce qui se passait et lui raconta l'aventure; il lui montra les branches et dit :

— Cette nuit, au moment de partir, je vous réveillerai pour que vous soyez témoin de l'aventure.

Le troisième matin, les jeunes filles se réveillèrent et dirent :

— Eh bien, Père, maintenant que vous êtes certain que nous ne sortons pas la nuit du palais, tuez donc ce jeune homme.

Mais le roi se mit en colère et dit :

— Ce garçon a pu découvrir le chemin que vous suivez; hier soir, moi aussi, j'ai été témoin de vos ébats amoureux, maintenant j'ordonne qu'on vous tue toutes.

Il demanda à Ahmad laquelle d'entre elles il voulait choisir. Ahmad désigna la cadette qui était la plus jolie et la plus intelligente. Il devint le gendre du roi et comme celui-ci n'avait pas d'autre enfant, il le choisit comme successeur, car il était un homme intelligent et ingénieux.

Notre conte est terminé, mais le corbeau aveugle n'est pas arrivé chez lui.

Conte n° 6

LE DERVICHE ET LE PRINCE MOHAMMAD
(Meched I, 6 - AT 313)

Il était quelqu'un, il n'était personne, à part Dieu, il n'y avait personne. Autrefois, il était un roi qui n'avait pas d'enfant et qui en était très attristé. Un jour, un derviche vint chez lui et dit :

— Je peux vous donner un remède pour que vous ayez un enfant à condition que vous me le donniez quand il sera grand.

Le roi accepta. Au bout de quelque temps, il devint père d'un beau garçon que l'on appela Mohammad.

Mohammad grandit et devint un jeune homme courageux et prospère. Plusieurs années passèrent ; un jour, le derviche revint. Il demanda au roi d'être fidèle à sa parole et de lui donner son fils. Le roi dit :

— A la place de mon fils, demande-moi tout ce que tu veux et je te le donnerai.

Le derviche n'accepta pas. Finalement il ne céda pas devant l'insistance du roi et il emmena Mohammad.

En chemin, Mohammad vit une tête desséchée qui était tombée sur la route. Il se tint quelques pas en arrière pour que le derviche fût devant. Il se dirigea vers la tête. Tout à coup, une voix s'éleva de la tête et dit :

— Mohammad, pourquoi pars-tu avec ce derviche qui est en réalité un div ? Maintenant que tu es obligé de l'accompagner, retiens ces conseils : lorsque tu arriveras là-bas et lorsqu'il te dira d'aller chercher des bûches, tu lui répondras : «Fais d'abord ce travail toi-même pour que j'apprenne». Lorsqu'il te dira de souffler sur l'huile bouillante, tu lui répondras : «Fais d'abord ce travail toi-même pour que j'apprenne». Lorsqu'il voudra souffler, pousse-le et jette-le dans l'huile pour qu'il meure, sinon il te jettera dans l'huile et il te tuera. Après sa mort, retire de sa poche les clés des quarante pièces.

A ce moment, le derviche appela Mohammad qui se mit en route derrière lui. Ils marchèrent et marchèrent jusqu'à ce qu'ils arrivassent à une caverne. Devant elle, se trouvait une grande pierre que le derviche (le div) retira et il y entra. A l'intérieur, il y avait un grand édifice composé de quarante pièces. Le derviche ouvrit la porte de l'une d'entre elles et ils y entrèrent. Quelques jours passèrent ; un jour, le div dit à Mohammad :

— Va chercher quelques bûches.

Mohammad se souvint des paroles de la tête desséchée et dit :

— Va d'abord toi-même les chercher pour que j'apprenne.

Au bout d'un moment, le div dit :

— Viens, souffle sur cette huile qui est devenue bouillante.

Mohammad dit :

— Souffle d'abord toi-même pour que j'apprenne.

Lorsque le div voulut souffler sur l'huile, Mohammad le jeta dedans et le tua. Ensuite, il sortit les clés de sa poche et il se mit à ouvrir les portes des pièces. La première pièce était pleine des pieds et des mains coupés aux gens que le div avait pendus. Dans la deuxième et la troisième pièce, se trouvaient des coffres d'or et de bijoux de valeur. Dans la pièce suivante, se trouvaient des prisonniers. Une autre était remplie d'une grande quantité de squelettes humains; une autre, de beaux chevaux et finalement dans la quarantième pièce, il y avait seulement le portrait d'une jolie jeune fille dont le visage avait l'éclat de la lune. Mohammad s'en approcha, détacha le portrait du mur et le mit dans sa poche. Il délivra les prisonniers, chargea les joyaux sur les chevaux et les chameaux, puis il se mit en route vers son pays.

On avertit son père que Mohammad revenait. Le roi et ses ministres allèrent à sa rencontre, puis ils le conduisirent au palais. On pavoisa la ville et pendant sept jours et sept nuits, le peuple fut en liesse.

Des mois passèrent; pendant toute cette période, chaque fois que Mohammad était seul, il retirait de sa poche le portrait de la jeune fille qu'il avait trouvé dans la maison du div et il le regardait. Il fut amoureux du portrait comme s'il avait eu cent cœurs et non un seul! Finalement, un jour, il demanda à son père la permission de partir et de parcourir d'autres villes afin de trouver cette jeune fille.

Le roi accepta. Mohammad prit les choses nécessaires, monta à cheval et se mit en route. Le temps passa; chaque fois qu'il arrivait dans une ville, il se mettait à la recherche de la jeune fille. Lorsqu'il perdait l'espoir, il allait de cette ville dans une autre région.

Un jour, il était en train de se promener à l'intérieur d'une ville; à un moment, il entendit une personne qui criait à haute voix :

— Bonnes gens, venez, regardez comme ce beau tapis est joli!

Mohammad se dirigea vers ce marchand qui avait une grande quantité de carpettes et de tapis à vendre. Il alla regarder la carpette qu'il était occupé à vendre. Le portrait d'une jolie jeune fille était tissé au milieu du tapis.

Lorsque Mohammad regarda avec attention, il comprit que c'était le portrait de la jeune fille qu'il cherchait.

Il donna à cet homme beaucoup d'argent, lui acheta la carpette et lui dit :

— Hé, Bonhomme, dis-moi de qui est le portrait qui est représenté au milieu de cette carpette?

L'homme répondit :

— C'est le portrait de la fille du gouverneur de notre ville. C'est une jeune fille qui resplendit comme l'astre du soleil; elle a des milliers de mille de soupirants, mais elle n'est prête à accepter aucun d'eux comme époux.

Mohammad se mit en chemin et décida d'envoyer un message à son père pour le faire venir afin qu'il demandât pour lui la main de la fille du gouverneur. Un mois passa; son père, sa mère, quelques personnalités de leur pays, accompagnés d'une suite nombreuse, arrivèrent. Le jour suivant, ils allèrent chez le gouverneur et prirent sa fille appelée Mâh-é Âlamguir comme épouse pour Mohammad. La fête dura sept jours et sept nuits.

Conte n° 7

LA PEAU DE LA PUCE

(Meched I, 29 - AT 621 + AT 313H*)

Il était quelqu'un, il n'était personne, à part Dieu, il n'y avait personne.

Il était un jour un roi qui se promenait avec son vizir dans le parc de son palais. Soudain, il sentit une piqûre au pied; il enleva son bas et vit une puce. Il voulut l'écraser, mais tout à coup, une idée lui vint à l'esprit. Il dit à son vizir :

— Ce serait une très bonne chose si nous pouvions faire grandir cette puce.

Le vizir fut aussi de cet avis.

Ils prirent la puce et la mirent dans une petite boîte de la grandeur d'une boîte d'allumettes. Tous les jours, ils lui donnèrent à manger; de jour en jour, la puce grandit et au fur et à mesure, ils la mirent dans des boîtes plus grandes. Jusqu'au jour où elle devint de la taille d'un mouton, puis à peu près de celle d'un bœuf. Alors, le roi dit à son vizir :

— Il convient de tuer ce bœuf et de pendre sa peau à la grand'porte de la ville.

Le vizir obéit à l'ordre du roi. On tua la puce et on suspendit sa peau à la grand'porte de la ville.

Le roi avait une fille qu'il aimait beaucoup et qu'il ne voulait pas donner en mariage. Par conséquent, il ordonna :

— Celui qui veut épouser ma fille doit dire à quel animal appartient cette peau.

Bref, des princes vinrent de pays lointains pour demander la main de la jeune fille. Mais comme ils ne purent dire de quel animal était cette peau, le roi donna l'ordre de leur couper la tête et de la suspendre à la porte d'entrée de la ville.

Un certain temps passa. Un jour, un div qui avait revêtu un habit de commerçant, entra dans la ville. Lorsqu'il fut informé du problème, il se dit : certainement, le vizir du roi est au courant de cette question; sûrement, il parlera de cela avec sa femme à la fin de la nuit.

Aussi il passa trois nuits consécutives au-dessus du toit de la maison du vizir et de là, il fit un trou dans sa chambre. La troisième nuit, la femme du vizir dit à son mari :

— Finalement, je n'ai pas compris de quel animal était cette peau que le roi avait fait suspendre à la grand'porte?

Le vizir répondit :

— Si tu ne le dis à personne, je te confierai ce secret : c'est une peau de puce!

Lorsque le div entendit cela, il se réjouit et il descendit du toit. Le lendemain matin, il alla au bain et chez le coiffeur, puis il mit des vêtements neufs. Il se rendit au palais du roi et dit au portier :

— Je suis venu demander la main de la princesse.

On lui répondit :

— Ne connais-tu donc pas la condition du roi?

Il dit :

— Certainement, si je ne peux pas répondre, on pendra aussi ma tête au haut de la potence.

Bref, le roi réunit les ministres et tous les dignitaires de la ville et le div aussi fut appelé.

Le roi lui demanda :

— Si tu veux ma fille, tu dois dire de quel animal est cette peau.

Le div la tourna et la retourna un peu, ensuite il dit à haute voix :

— C'est une peau de puce!

Le roi fut furieux de sa réponse, mais comme il avait donné sa parole, il ne pouvait la renier. Par conséquent, on illumina la ville et on conclut le contrat de mariage de la princesse.

Maintenant, écoutez ce qu'il advint de la princesse. Elle avait un cheval-fée qui savait tout et qui lui dit :

— Cet homme est un div, nous devons par tous les moyens nous échapper de ses mains. Obéis à tout ce que je te dis. Demain, lorsqu'il voudra t'emmener dans sa ville, trouve une objection afin de ne monter aucun des chevaux que l'on amènera. Dis que tu ne veux pas de ce cheval et finalement déclare que tu veux seulement ton propre cheval. Emporte un peu de sel, un paquet d'aiguilles et une cruche d'eau.

La jeune fille répondit :

— J'obéis.

Bref, le lendemain, le div fut prêt à partir en voyage. La princesse trouva à redire pour chacun des chevaux qu'on lui amenait. Pour qu'enfin on lui présentât le cheval-fée. Elle le monta et se mit en route avec le div.

Après avoir suivi la route pendant quelque temps, le div s'arrêta et annonça à la princesse qu'ils se trouvaient aux alentours de sa maison. Il lui demanda de rester à cet endroit afin qu'il allât prévenir sa mère, son père et les membres de sa famille pour qu'ils vinssent à sa rencontre.

Dès que le div fut loin, le cheval dit à la princesse :

— Nous devons nous enfuir immédiatement.

De toutes ses forces il se mit à galoper.

Au bout d'une heure, le cheval lui dit :

— Tourne la tête et regarde derrière toi pour voir si on nous poursuit ou non.

La jeune fille lança un regard derrière elle et dit :

— Oui, quelques personnes nous poursuivent avec des bâtons.

Le cheval galopa plus vite.

La jeune fille regarda de nouveau derrière elle et dit :

— Il ne reste plus de distance entre nous, ils vont nous atteindre.

Le cheval répondit :

— Lance derrière toi le paquet d'aiguilles et dit : O Dieu, transforme toute cette plaine déserte en un champ d'aiguilles pour qu'ils ne puissent pas passer !

La jeune fille fit cela et par la puissance de Dieu le désert qui se trouvait derrière elle devint un grand champ d'aiguilles. Les divs traversèrent les aiguilles et leur pieds furent blessés et ensanglantés.

A ce moment, la jeune fille regarda de nouveau derrière elle et dit :

— Ils nous atteignent presque !

Le cheval dit :

— Maintenant, jette le paquet de sel !

La jeune fille fit cela et dit :

— O Dieu, maintenant transforme le désert en plaine salée ; afin qu'ils ne puissent pas la franchir !

Et derrière la jeune fille, tout le désert devint salé. Les pieds blessés des divs s'enfoncèrent dans le sel et furent brûlés. Mais, ils continuèrent néanmoins à avancer de la même façon. Cette fois-ci, le cheval dit :

— Maintenant, lance la cruche d'eau derrière toi et dis : par la puissance de Dieu, qu'elle devienne une grande mer afin que les divs ne puissent pas la traverser.

La jeune fille fit cela aussi. Une grande mer s'étendit entre eux et les divs pour les atteindre se jetèrent dans la mer, mais tous se noyèrent. Ainsi la jeune fille et le cheval-fée furent sauvés.

Conte nº 8

LE CAVALIER NONPAREIL ET LE CHEVAL-FÉE

(Meched I, 4 - AT 511A + AT 314)

Il était et il n'était pas … .

Dans une des villes des environs de Balkh, il était un gouverneur qui avait seulement un fils. Au bout de quelque temps, son épouse mourut et ce gouverneur choisit une autre femme. Après avoir dirigé le ménage pendant quelques mois, cette femme témoigna de la haine au fils de son mari. De jour en jour, ce sentiment augmentait en elle parce que ce garçon était beau et était aimé de son père; aussi ce fut cette raison qui provoqua la jalousie de la belle-mère. Comme la marâtre empoisonnait l'atmosphère dans laquelle vivait le jeune homme, ce dernier choisit la chasse comme distraction. Un jour, il arriva ainsi au bord d'une mer le long de laquelle, un cheval et son poulain broutaient l'herbe verte et fraîche au milieu d'une prairie. Le jeune homme vit un lion féroce qui allait les attaquer. La jument se voyant en danger, se jeta à la mer et son poulain resta seul. Alors, le jeune homme prit son arc et avec ses flèches il abattit la bête féroce. Il sauva le poulain-marin qui est connu sous le nom de «cheval-fée» et il s'empara de lui. Il le caressa, puis l'apprivoisa et le dressa. La femme de son père fut informée de l'aventure; elle savait que le cheval-fée ferait disparaître toute sorte de difficultés. Aussi, elle prit la décison de préparer le meurtre du poulain. Un jour, elle se fit passer pour malade; elle soudoya les médecins de la ville pour qu'ils écrivissent une ordonnance qui prescrivait le cœur du cheval-fée comme remède pour guérir son mal; le jour du traitement arriva. Les médecins déclarèrent à l'unanimité que la santé de la femme ne pouvait être améliorée que grâce au cœur du cheval-fée. Le gouverneur fut obligé de prier son fils de tuer son cheval pour soigner sa belle-mère. Le jeune homme, attristé, alla dire adieu à son cheval-fée qui lui dit :

— O mon ami, pourquoi sembles-tu triste?

Il répondit :

— Ma belle-mère a décidé ta mort, car elle sait que tu es la seule joie de mon cœur.

Le cheval-fée dit :

— Va lui dire que tu es d'accord. Mais au moment où on me couchera pour m'abattre, dis à ton père que ton unique souhait est de chevaucher encore une fois ce cheval et de faire le tour de la maison. Lorsque ce sera terminé, je m'envolerai dans le ciel. Déclare à ton père : ô père, ton épouse n'est pas malade, elle feint la maladie, elle a jauni son visage en se frottant avec du curcuma.

Le jour où on voulut abattre le poulain, le jeune homme monta en selle, fit le tour du jardin, dit ces phrases à son père et il disparut en s'envolant dans le ciel avec son cheval.

Après avoir parcouru une grande distance, il descendit aux environs d'une ville verdoyante. Alors le cheval dit au jeune homme :

— Prends quelques-uns de mes poils. Chaque fois que tu auras besoin de moi, fais-les brûler et j'apparaîtrai.

Le jeune homme attacha ses vêtements princiers sur la croupe du cheval. Il revêtit un habit loqueteux et entra dans un verger pour y manger des fruits. Lorsque le jardinier du Châh, averti de l'arrivée du jeune homme apprit qu'il était étranger, il l'adopta, car ce vieux jardinier n'avait pas de fils. Aussi, le jeune homme se mit à jardiner jusqu'à ce que la saison des roses arrivât. Tous les jours, il cueillait des fleurs et en faisait des bouquets d'une façon spéciale.

Le vieux jardinier allait porter ces bouquets garnis aux filles du Sultan. Les jeunes filles demandèrent à leur jardinier qui faisait de si beaux bouquets de roses. Le vieillard répondit que c'était lui-même. La plus jeune princesse qui était curieuse dit :

— Pourquoi ne les liais-tu pas si bien les années précédentes ?

La jeune fille décida d'observer le jardin par une petite fenêtre du palais. Jusqu'au jour où elle contempla un beau jeune homme qui se baignait dans le lac qui se trouvait au bord du jardin. Elle lui lança une pomme. Lorsque les yeux du jeune homme tombèrent sur la jeune fille, il devint amoureux d'elle. La princesse dit à ses sœurs :

— Pourquoi notre père ne se préoccupe-t-il pas de notre mariage ?

Selon la coutume de cette époque, elles envoyèrent à leur père trois melons verts qui expliquaient leur situation. Lorsque le Sultan vit les fruits, la vérité lui fut révélée. Il fit proclamer au peuple de se rassembler sur la grand'place de la ville afin que les jeunes filles pussent choisir les jeunes gens qui leur plairaient comme époux en leur lançant des oranges amères. L'année et la puînée choisirent le fils du vizir et celui du vakil. Mais lorsque le tour de la cadette arriva, elle eut beau chercher dans la foule, elle ne vit pas le fils du jardinier et elle resta interdite. Le Sultan comprit que le prétendant que sa fille cherchait ne se trouvait pas dans l'assemblée et il donna l'ordre de chercher dans la ville. Après avoir beaucoup cherché, on amena un jeune homme aux cheveux ébouriffés et aux vêtements en haillons.

Ce garçon était le fils du jardinier que la jeune fille aimait sincèrement de tout son cœur. Immédiatement, elle lança son orange amère vers lui. Le Châh fut attristé que sa fille n'eût pas choisi comme époux l'un des princes ou des chefs de son armée plutôt que le jeune homme que le jardinier avait adopté. Enfin, le peuple regarda avec mépris ce jeune homme et ce jeune ménage jusqu'à ce qu'arrivât le jour où le Sultan réunit ses gendres pour qu'ils allassent à la chasse.

Tous les trois partirent vers le terrain de chasse. Mais en chemin, les fils du vizir et du vakil lui dirent :

— Nous détestons que tu viennes avec nous, parce que tu es un fils de jardinier et rien de plus.

Le jeune homme, fâché, se sépara d'eux et fit brûler un poil de son cheval. Instantanément, le cheval-fée apparut; il lui raconta l'aventure. Le cheval lui répondit dans un hennissement :

— Ne te fais pas de soucis, je rassemblerai tout le gibier des alentours très rapidement autour de ta tente que je dresserai dans une certaine prairie.

Après s'être envolé, le cheval-fée descendit à l'endroit promis et exécuta sa promesse. Mais les fils du vizir et du vakil se promenèrent jusqu'à la soirée sans voir de gibier.

Il s'engagèrent dans le chemin qui menait à la prairie; après avoir parcouru une courte distance, ils virent un nombreux gibier rassemblé autour de la tente.

Ils décidèrent de demander au propriétaire de la tente de le leur vendre. Le fils du jardinier qui avait mis un masque sur son visage leur répondit que ce gibier n'était pas à vendre, mais qu'ils devaient être marqués à l'épaule de son sceau pour qu'il leur en donnât. Les jeunes gens acceptèrent; le propriétaire de la tente égorgea deux animaux et suivant les instructions du cheval-fée, il prononça une incantation magique pour que la saveur de leur viande disparût. Il leur donna les corps des deux bêtes, mais il mit de côté les têtes qu'il garda pour lui-même. Après le départ des jeunes gens il se dirigea vers la ville. Les jeunes gens invitèrent, chacun à leur tour, le Châh à une soirée. Mais lorsqu'il mangea les mets préparés avec le gibier des fils du vizir et du vakil, il trouva qu'ils étaient amers et répandaient une mauvaise odeur. Le troisième soir, à la réception du fils du jardinier, on servit un bon repas d'un goût si délicieux qu'on ne se lassait pas d'en manger n'importe quelle quantité. Le Châh ordonna de donner au fils du jardinier un château comme à ses autres gendres.

Bref, après quelque temps, la guerre commença et beaucoup de guerriers du Châh furent tués. Mais, au bout de quelques jours de guerre, on annonça au Sultan qu'un jeune homme masqué était arrivé sur le champ de bataille et avait infligé une défaite aux ennemis. La victoire revenait donc au Sultan. Il donna l'ordre de conduire ce jeune homme au château. Lorsque le jeune homme masqué y entra, le Châh lui témoigna beaucoup de respect et lui dit qu'il pouvait demander toutes les richesses et les biens du monde qu'il désirait. Le jeune homme dit :

— Je n'ai aucun désir, sinon que j'ai deux esclaves qui se sont enfuis; que le Châh donne l'ordre qu'on me les rende.

Le jeune homme masqué désigna les fils du vizir et du vakil et il dit :

— Ils ont la marque d'un grand sceau sur l'épaule.

Lorsque, sur l'ordre du Châh, tous deux furent dénudés, la vérité apparut et les détails de la chasse furent révélés à tout le monde. Quand le jeune homme enleva son masque, tous reconnurent qu'il était bien le gendre du Sultan et pas le fils du jardinier comme ils l'imaginaient. A ce moment, le jeune homme dévoila son histoire et il demanda la permission d'aller avec son épouse dans la ville de ses ancêtres. Après l'avoir reçue, il retourna dans son pays accompagné d'une grande quantité d'esclaves, hommes et femmes. Tous ses parents et ses amis furent très heureux à son arrivée. Sa belle-mère eut honte de la mauvaise action qu'elle avait accomplie.

Notre histoire est terminée, mais le corbeau noir n'est pas arrivé chez lui.

Conte n° 9

LES COURAGEUSES JEUNES FILLES KURDES

(Meched I, 17 - AT 327)

Il était quelqu'un, il n'était personne, à part Dieu, sous la voûte bleue, il n'y avait personne.

Une tribu vivait dans une vallée des montagnes d'Iran. Un jour, onze jeunes filles parmi les plus âgées de la tribu dirent à la fille de leur chef :

— Partons, emportons chacune un ballot de laine et allons le filer au sommet d'une haute montagne.

Elles partirent; l'après-midi, les jeunes filles redescendirent de la montagne. Elles virent que leur tribu était partie et leur avait laissé à cet endroit seulement de l'eau et du pain. La fille du chef, nommée Châh-Sanam dit :

— Nous devons les suivre.

Elles se mirent donc en route et parcoururent les montagnes et les collines. Elles marchèrent et marchèrent jusqu'à ce que la nuit tombât. Les jeunes filles aperçurent deux yeux dans le lointain; elles eurent très peur mais comme il n'y avait pas d'autre solution, en tremblant de peur, elles s'avancèrent et virent un loup. Lorsqu'il vit les courageuses jeunes filles, il se dit :

— Hé, hé! Quel repas tendre et gras je vais faire ce soir!

Il les salua avec respect; elles lui répondirent. Le loup leur dit :

— Il ne convient pas que vous restiez dans la campagne, car des bêtes sauvages pourraient vous attaquer. Venez dormir chez moi.

Les jeunes filles acceptèrent et entrèrent chez Sire le loup. Elles s'écrièrent :

— Hé, hé! Quelle jolie maison, quels tapis de prix, quels lits propres![1].

Bref, après avoir dîné, elles se couchèrent, chacune dans un lit et elles s'endormirent.

---

[1] Rakhtekhâb : la literie qui se pose sur un matelas ou un tapis à même le sol; le bois de lit s'appelle «takhtekhâb».

Sire le loup prévint ses camarades qu'il avait ramené des proies. Cinq autres loups arrivèrent, des loups qui avaient aiguisé leurs dents pour les manger. Le chef des loups s'approcha de leurs têtes et dit :

— Qui dort ? Qui est éveillé ?

Châh-Sanam répondit :

— Toutes dorment, Châh-Sanam est éveillée.

Le loup dit :

— Calme de mon âme, que mon âme prenne ta peine, dors !

Châh-Sanam répondit :

— Chaque fois que je voulais dormir, mon père mettait à la tête de mon lit douze costumes d'hommes afin que je pusse m'endormir.

Les loups allèrent voler douze costumes d'hommes, ils les rapportèrent et les déposèrent près de sa tête.

Alors, de nouveau, le loup demanda :

— Qui dort ? Qui est éveillé ?

Châh-Sanam répondit :

— Toutes dorment, Châh-Sanam est éveillée.

Le chef des loups dit :

— Calme de mon âme, que mon âme prenne ta peine, dors !

La jeune fille dit :

— Chaque fois que je voulais dormir, ma mère mettait près de ma tête douze chevaux, douze fusils et douze outres de sirop de raisin et alors, je m'endormais.

Les loups obéirent aussi à cet ordre. Sire le loup revint et demanda :

— Qui dort ? Qui est éveillé ?

Châh-Sanam répondit :

— Toutes dorment, Châh-Sanam est éveillée.

Sire le loup de nouveau répéta :

— Calme de mon âme, que mon âme prenne ta peine, dors !

La jeune fille répondit :

— Allez vite chercher douze passoires pleines d'eau et apportez-les ici, alors je m'endormirai.

Les loups qui étaient extrêmement furieux et aussi très affamés, prirent douze passoires et allèrent près du ruisseau, mais ils eurent beau y mettre de l'eau, ils ne purent jamais les remplir. Sire le loup et ses amis s'affairèrent à ce travail, mais Châh-Sanam, qui les avait envoyé chercher des pois noirs [1], réveilla immédiatement les jeunes filles, qui mirent les outres de sirop dans les lits à leurs places. Elles s'habillèrent avec les vêtements d'hommes, mirent leurs fusils sur leurs épaules, montèrent à cheval et s'enfuirent. Sire le loup vit que les passoires ne s'emplissaient pas d'eau ; en grande colère, il dit à ses camarades :

[1] Kasi râ dombâl-é nokhod-é siâh férestâdan : envoyer quelqu'un chercher des pois noirs signifie confier une tâche impossible.

— Allons les manger, qu'elles soient éveillées ou endormies.

Ils arrivèrent, se jetèrent sur les lits, déchirèrent les outres et burent un peu de sirop. Le chef des loups dit :

— Châh-Sanam, si ton sang est tellement sucré, comment est ta chair?

Le matin vint; ils comprirent comment Châh-Sanam et ses amies les avaient roulés. Furieux, ils se lancèrent à leur poursuite. Lorsque les jeunes filles virent que les loups les poursuivaient, elles mirent immédiatement leurs chevaux au galop et traversèrent la rivière.

Les loups arrivèrent près de la rivière, mais comme ils n'avaient pas la possibilité de la traverser, ils se mirent à se plaindre et à supplier. Châh-Sanam eut pitié d'eux et leur dit :

— Mettez vos pieds sur les pierres blanches que vous voyez dans le lit de la rivière et venez de ce côté-ci.

Les loups firent ainsi tous ensemble, mais comme les pierres étaient en réalité de l'écume, ils tombèrent dans l'eau et le courant les emporta.

Les jeunes filles parcoururent les montagnes et les plaines et retrouvèrent leur tribu. Elles racontèrent leurs aventures. Alors, pendant sept jours et sept nuits, on fit la fête, car à cause de leur courage les jeunes filles reçurent la permission de se choisir un mari. Chaque jeune fille choisit un fiancé parmi les garçons courageux de la tribu et l'épousa.

Notre histoire à sa fin est arrivée, Sire le loup à la sienne n'est pas arrivé.

Conte n° 10

LE VIEIL ARRACHEUR DE BROUSSAILLES

(Meched I, 11 - AT 332)

Il était quelqu'un, il n'était personne.

Autrefois, vivait un vieillard dont le métier était d'arracher des broussailles.

Un jour que Dieu parlait avec Ezrâïl, l'ange de la mort, des créatures les plus intelligentes du monde, il lui demanda :

— A ton avis, quelle est la créature la plus maligne de la terre?

Ezrâïl se rengorgea et dit :

— Il est évident que nous, les anges, nous sommes les créatures les plus malignes.

Dieu dit :

— Ce n'est pas ainsi; à mon avis, ce sont les hommes qui sont les plus malins.

Mais Ezrâïl ne fut pas d'accord avec lui. Pour démontrer cette vérité,

Dieu lui ordonna de se lier d'amitié avec un vieil arracheur de broussailles, la plus faible et la plus pauvre de toutes les créatures humaines.

Ezrâïl descendit dans le désert où le vieillard était en train d'arracher des broussailles. Après l'avoir salué, il se présenta. Le vieil homme ne crut pas qu'il était l'ange Ezrâïl. Mais ce dernier lui dit :

— Pour te prouver la sincérité de mes paroles, je vais faire tout ce que tu me dis.

Le vieillard répondit :

— Vole !

Ezrâïl s'envola.

Le vieillard dit :

— Transforme-toi en bœuf !

L'ange prit la forme d'un bœuf. Bref, tous les ordres que le vieillard donnait, étaient réalisés immédiatement par Ezrâïl. Le vieil homme prit grand peur, car il pensait qu'il était un «djenn»; aussi il commença à réciter la sourate : «Au nom de Dieu...». Mais Ezrâïl lui dit :

— Ne crains rien, je ne suis pas un djenn, je suis un ange et je suis venu pour devenir ton ami; es-tu prêt à être mon ami? Sois assuré que ta situation sera bonne et que je te ferai devenir riche.

Le vieillard ne demandait pas mieux et il accepta.

Ezrâïl lui dit :

— Écoute, je vais te donner maintenant une certaine somme d'argent et grâce à ma prière, tu deviendras un homme fort riche. Tu iras en ville et tu te présenteras sous le nom de «Docteur Elahi»[1]; tu exerceras la profession de médecin dans le meilleur quartier de la ville.

Mais le vieillard étonné, dit :

— Je ne connais rien en médecine et même je suis illettré.

Ezrâïl lui répondit :

— Tu n'auras rien à faire, je serai présent au chevet de chaque malade que tu soigneras. A part toi, personne ne me verra. Si tu me vois à la tête du malade, tu déclareras à la famille que tu le guériras et je t'indiquerai le traitement. Mais si tu me vois aux pieds du malade, tu diras qu'il n'y a plus rien à faire.

Le vieillard fut d'accord et dès le lendemain, il apparut sous ce nom en ville. Il mit une plaque dans le meilleur quartier. Par hasard, ce même jour, la fille de son voisin était devenue folle et était en danger de mort. Tous les médecins furent incapables de la soigner. Même, ils se réunirent en consultation pour la dernière fois et déclarèrent leur désespoir. La famille de la malade qui était connue et importante dans la ville, appela au chevet de la jeune fille le Docteur Elahi, en désespoir de cause. Quand il entra, en présence de tous les médecins, il lança un regard à la malade et un autre

[1] Elâhi : divin.

à l'assistance. Tout de suite, il vit l'ange Ezrâïl au-dessus de la tête du lit de la malade. Immédiatement, il dit :

— Cette malade n'a rien de grave, je vais la guérir.

Tous les médecins furent étonnés. Sur l'ordre du docteur, tous sortirent de la chambre. Alors, l'ange Ezrâïl mélangea dans un verre, deux gouttes de lait caillé avec du vinaigre et le fit boire à la malade. Aussitôt, elle fut guérie et en bonne santé ; elle sortit de son lit.

Cet acte fut un tel sujet d'étonnement de la part de tous et spécialement de la part des médecins que la réputation du docteur se répandit sans limite et à bref délai dans la ville. Ainsi, le vieil arracheur de broussailles soigna les malades jusqu'au moment où la fille du roi devint malade. Cette fois-ci aussi, les médecins de la Cour furent impuissants et ils furent obligés d'envoyer le roi chercher le Docteur Elahi qui vint. Dès qu'il entra dans la chambre et qu'il vit la princesse, il tomba amoureux d'elle comme s'il eût eu cent cœurs et non un seul. Heureusement, il aperçut aussi Ezrâïl au-dessus de sa tête ; il en fut très content. Il se tourna vers le roi et lui dit :

— Je guérirai votre fille à une condition.

Le Châh répondit :

— Laquelle ?

Le vieillard dit :

— D'abord, donnez-moi votre fille par un contrat de mariage.

Le Châh fut fâché et ennuyé, mais pour sauver la vie de sa fille, il accepta.

Après avoir fait la cérémonie du contrat de mariage, le Docteur Elahi soigna la jeune fille suivant les instruction d'Ezrâïl. Ce fut de cette façon, que l'arracheur de broussailles devint le gendre du roi. Comme par hasard, le Châh n'avait pas de fils, il devint donc aussi le prince héritier.

Au bout de quelques années, le Docteur Elahi eut envie de régner et il demande à Ezrâïl d'emporter le roi dans l'autre monde. L'ange accepta donc cette demande de son ami et il fit quitter ce monde au Châh. Ainsi le Docteur Elahi devint roi.

Comme il était vieux, il régna environ quarante ans jusqu'à ce que l'instant de sa propre mort arrivât. A l'heure de son échéance, Ezrâïl lui proposa la mort. Le docteur qui ne s'attendait pas à mourir fut très ennuyé et il échafauda dans sa tête une ruse. Alors, il se tourna vers Ezrâïl et lui dit :

— J'ai une faveur à te demander à titre d'ami ; accorde-moi un délai pour que je puisse faire une prière de deux prosternations pendant ce dernier instant de ma vie.

Ezrâïl accepta donc cela aussi. Mais le docteur dit :

— Par Dieu, dis-tu la vérité ?

Ezrâïl répondit :

— Certainement.

Mais le vieil homme dit :

— Je ne suis pas certain. Jure par Dieu que tant que je n'aurai pas fini mes deux prosternations en disant une prière, tu ne me tueras pas.

Ezrâïl dit :

— Je jure devant Dieu que je ne te tuerai pas tant que tu n'auras pas fait tes deux prosternations.

Le vieillard dit aussi :

— Moi aussi, je jure devant Dieu que jamais je ne terminerai de faire ces deux prosternations et de dire cette prière !

C'est de cette manière qu'Ezrâïl fut bien trompé. Très ennuyé, il alla auprès de Dieu et lui raconta cette aventure.

Dieu lui dit :

— Dès le début, je t'ai dit que l'être humain est la plus maligne des créatures du monde.

Conte n° 11

UN JOLI PETIT PAYSAN

(Meched, I, 16 - AT 333)

On raconte qu'un très joli petit garçon de paysan était aimé à la folie par son père et sa mère. Il voulut sortir du village pour aller couper des bûches. Son père aussi était parti dans un autre village pour cultiver la terre.

Sa mère lui dit :

— Il faudrait que tu ailles porter à ton père le repas que je lui ai préparé et qu'au retour tu ramasses quelques bûches et que tu me les rapportes.

Le petit garçon obéit, il mit le repas dans un sac et se mit en route. Son chemin longeait la lisière du bois. Le petit garçon marchait en chantant. Lorsqu'il arriva près de la forêt, un loup entendit sa voix et vint vers lui. Jusqu'alors, l'enfant n'avait jamais vu de loup et il ne savait pas que c'était une bête dangereuse. Le loup eut envie de le manger, mais comme il avait vu quelques chasseurs dans la forêt, il eut peur d'être attaqué. Pour cette raison, il fit un plan et il lui demanda :

— Où vas-tu ?

Le garçon répondit :

— Je vais au village voisin pour apporter à mon père quelques provisions que ma mère lui envoie.

Le loup dit :

— Moi aussi je désire voir ton père. Dans quelle maison est-il ?

Le petit garçon répondit :

— J'imagine qu'il sera près du moulin qui est la dernière maison.

Tous deux se mirent en route. Le loup choisit le chemin le plus court et il guida le garçon vers la route la plus longue; le loup alla à toute vitesse et avant que l'enfant n'arrivât, il entra dans la maison. Le paysan était revenu chez lui, mais il était reparti chez son voisin. Il était en train de s'entretenir avec lui du travail qu'ils devraient faire le lendemain. Le loup ferma la porte et attendit l'arrivée du petit enfant. Au bout de quelques heures, le petit garçon arriva et frappa à la porte.

Le loup qui s'était parfaitement préparé pour le manger, changea sa voix et dit :

— Qui es-tu?

Le petit garçon répondit :

— Je suis Abbâs, votre fils. Ma mère m'a envoyé pour que je vous apporte un peu de nourriture.

Le loup ouvrit la porte; la nuit était tombée et il faisait très sombre. L'enfant croyait qu'il était réellement son père. Le loup dit :

— Mon fils, tu es fatigué, il vaut mieux que tu te reposes. Dépose ton sac et couche-toi sous les draps avec moi.

Abbâs enleva ses vêtements et se mit dans le lit. Comme sa main heurta les bras de loup, il s'étonna et dit :

— Mon père, comme tu as de gros bras!

Le loup répondit :

— Oui, c'est pour bien te serrer dans mes bras, mon fils Abbâs.

A ce moment, sa main heurta l'oreille du loup et il dit :

— Comme tu as de grandes oreilles!

Le loup répondit :

— Oui, c'est pour mieux entendre tes paroles.

Le petit garçon, effrayé, dit :

— Quelles grandes dents tu as, mon père!

Le loup répondit :

— Oui, c'est pour te manger!

Il sauta et prit l'oreille de l'enfant dans sa bouche. Celui-ci se mit à crier et par hasard, son père arriva à la porte. Le loup comprit et ayant arraché l'oreille de l'enfant, il voulut s'enfuir. Heureusement, la mort ne lui accorda pas de délai; d'un coup, il fut tué par le paysan.

Mais, hélas, l'oreille de son fils avait disparu!

Conte n° 12

LE FRÈRE ET LA SŒUR

(Meched I, 40 - AT 450)

Il était un frère et une sœur dont la mère était morte. Aussi leur père
se remaria. La femme du père (la marâtre) tourmentait beaucoup les enfants.
Un jour, la patience du père fut à bout et il dit aux enfants :

— Pour que vous n'ayez pas de dispute avec la femme de votre Papa,
allez garder le champ de blé.

Ils se levèrent et partirent au champ. Au bout de quelques jours alors
que tous deux étaient assis, le frère se leva pour partir; la sœur aussi
se leva et le suivit; tous deux se mirent en route. Ils marchèrent et marchèrent jusqu'à ce qu'ils arrivèrent près d'un ruisseau. Le frère dit :

— Chère sœur, je vais boire de l'eau.

Sa sœur répondit :

— Non, si tu bois, tu deviendras un chacal.

De nouveau, il marchèrent et marchèrent jusqu'à ce qu'ils fussent arrivés
à un autre ruisseau. Il dit de nouveau :

— Sœur, boirai-je de l'eau?

Elle répondit :

— Non, si tu bois, tu deviendras une gazelle.

Comme le frère avait soif, il but de cette eau sans prêter attention aux
paroles de sa sœur. Immédiatement il devint une gazelle qui accompagna
sa sœur jusqu'à ce qu'ils atteignissent le bord de la mer. La gazelle dit à
sa sœur :

— Monte sur un arbre afin que j'aille brouter.

La sœur monta sur un arbre et la gazelle se mit à brouter.

Par hasard, le fils du gouverneur de l'endroit était venu chasser. Il vint
au bord de l'eau pour faire boire son cheval. L'image de la jeune fille qui
se trouvait dans l'arbre se reflétait dans l'eau. Lorsque le cheval voulut
boire, il eut peur; finalement le fils du gouverneur en comprit la raison.
Lorsqu'il vit la jeune fille, il en devint amoureux comme s'il eût eu cent cœurs.
Mais il eut beau supplier la jeune fille de descendre pour la conduire
en ville, elle n'accepta pas, car si elle allait à la ville, son frère (la gazelle)
mourrait de chagrin; puisqu'elle l'aimait beaucoup, elle ne fit pas cela.

Le fils du gouverneur alla à la ville; il marcha beaucoup de ci, de là,
jusqu'à ce qu'il rencontrât une vieille femme qui était auparavant au service
de son père et il lui raconta son aventure. La vieille lui dit :

— Je vais démêler le nœud de cette affaire.

Un jour, elle porta des vêtements blancs et une marmite noire au pied
de l'arbre. Elle lava les vêtements, puis les frotta une seconde fois sur
la marmite noire.

La jeune fille se mit à crier du haut de l'arbre :

— Que fais-tu donc ?

La vieille répondit :

— Je suis aveugle, je ne vois rien.

Par ce moyen, elle fit descendre la jeune fille de l'arbre. Elle insinua et insista si adroitement que finalement, la jeune fille accepta. Elle l'emmena avec elle en ville et la livra au fils du gouverneur.

Chaque jour, la gazelle vint sous l'arbre et comme elle ne voyait pas sa sœur, elle pleurait beaucoup. Cela dura longtemps, jusqu'au jour où un chasseur l'attrapa et l'offrit comme cadeau au fils du gouverneur qui la donna à sa femme. La sœur et le frère se retrouvèrent et ils pleurèrent. La sœur qui avait mal agi envers son frère, s'excusa. Une nuit, lorsque tous dormaient, ils abandonnèrent la vie des aristocrates et partirent. Après leur départ, personne ne comprit où ils étaient allés ni ce qu'ils avaient fait.

Conte n° 13

LES TROIS PRINCES ET LE DIV BLANC

(Meched I, 43 - At 550, 551)

Autrefois, il était un roi qui avait trois fils. Comme le plus jeune était extraordinairement faible et souffreteux, le roi ne s'intéressait pas à lui. Il consultait ses deux autres fils sur toutes les affaires. Pour cette raison, ces deux frères étaient démesurément orgueilleux et égoïstes. Mais, comme le fils cadet était humble et sans orgueil, il était très aimé par le peuple, spécialement par les pauvres.

Un jour, le roi attrapa mal aux yeux ; cette maladie le faisait souffrir mais les médecins furent incapables de lui trouver un remède. Finalement, une vieille femme qui habitait cette ville, dit :

— Le div blanc dont la demeure se trouve sur la montagne Ghâf, possède un médicament pour les yeux du roi.

Le fils aîné se proposa pour chercher le remède et il dit :

— Si on me donne un cheval avec un bissac rempli d'or et de bijoux, j'irai auprès du div blanc et je rapporterai le remède.

Le roi ordonna qu'on lui donnât tout ce qu'il voulait ; après que l'on eut préparé les bagages, il se mit en route. Après avoir parcouru une certaine distance, il arriva dans un champ de melons. Comme il avait très faim, il descendit de cheval ; sans la permission du propriétaire du champ, il se mit à cueillir et à manger des melons. Il était occupé, lorsque le propriétaire lui en réclama l'argent. Il le repoussa et lui dit :

— Je suis le fils du Châh, tu n'as pas le droit de me réclamer de l'argent.

Le vieux cultivateur fut très furieux et lui dit :

— Je souhaite qu'au lieu de réussir, tu sois mis en prison par le div.

Le fils du roi poursuivit son chemin et arriva dans un champ de concombres. Il fit la même chose. Le propiétaire du champ le maudit également. Finalement, après avoir suivi la route quelques jours, il arriva à la montagne Ghâf.

Là, il vit un grand verger rempli d'arbres fruitiers. Ce jardin était la propriété du div blanc qui vivait avec sa jolie fille dans cet endroit. Le prince entra sans permission et se mit à manger des fruits. Le div blanc fut terriblement furieux de sa conduite. Lorsqu'il s'avança pour prendre le médicament, il le mit en prison. Quelques jours passèrent ; puis, le roi eut de plus en plus mal aux yeux.

Cette fois, le deuxième fils partit à la recherche du remède et se mit en route. Comme il était aussi orgueilleux, il fit les mêmes choses que l'aîné ; il obtint le même résultat et le div l'emprisonna.

Comme le temps passait, le troisième fils qui était souffreteux, mais qui était sociable et avait du bon sens, partit à la recherche du remède. Le roi lui dit qu'avec son impuissance physique, il serait incapable de réussir cette tâche. Après qu'il eut beaucoup insisté, le père accepta et le cadet se mit en route.

Lorsqu'il arriva au champ de melons, il ne descendit pas de cheval ; il appela le propriétaire du champ. Après l'avoir salué et avoir pris de ses nouvelles, il acheta quelques melons. Son caractère plut au propriétaire qui le bénit en lui souhaitant de réussir.

Il fit de même dans le champ de concombres ; avec la prière bénéfique du propriétaire, il poursuivit son chemin jusqu'à ce qu'il arrivât à la demeure du div blanc sur la montagne Ghâf. Il lui demanda préalablement la permission, puis il entra. Avec une parfaite politesse, il le salua et lui demanda de ses nouvelles. Sa bonne éducation plut au div blanc. Après lui avoir rendu sa politesse et l'avoir reçu, il lui donna le remède pour les yeux ; puis il conclut son mariage avec sa jolie fille et pour l'honorer, il libéra ses deux frères.

Le cadet revint chez son père avec son épouse. Il lui donna le remède qui guérit ses yeux. Comme son père reconnaissait son mérite, il donna l'ordre d'illuminer la ville pendant sept jours et sept nuits et il le choisit comme successeur.

Dans la vie, la politesse est donc le meilleur capital et le secret de la réussite.

Conte n° 14

L'ANNEAU MAGIQUE

(Meched I, 9 - AT 560)

Il était quelqu'un, il n'était personne, à part Dieu, il n'y avait personne.

Il y avait un jeune homme appelé Ebrâhim qui vivait avec sa vieille mère dans une petite ville. Pour tout bien au monde, il possédait seulement cent tomans et un chat.

Un jour qu'il se promenait dans le bazar de la ville, il aperçut un vieillard qui portait un coffre sur le dos et criait qu'il voulait le vendre. Ebrâhim s'avança et lui demanda le prix du coffre. Le vieillard répondit qu'il le vendait cent tomans. Ebrâhim eut envie de l'acheter; il lui donna ses cent tomans et porta le coffre chez lui. Lorsque sa mère vit qu'il avait dépensé toute sa fortune pour acheter ce coffre, elle fut très mécontente et elle s'écria :

— O mon cher fils, à quoi te sert ce coffre? Quel bien veux-tu y mettre?

Bref, Ebrâhim voulut en soulever le couvercle, mais il était solidement fermé. Aussi il apporta un marteau et l'ouvrit. Soudain, il aperçut un grand serpent qui se trouvait à l'intérieur du coffre; il poussa un cri de frayeur, le saisit et le jeta. La mère et le fils, terrorisés se tenaient dans un coin de la pièce et observaient le serpent. Celui-ci s'enroula et tout à coup, une belle jeune fille sortit de sa peau.

Étonné, Ebrâhim s'avança et dit :

— Qui es-tu? Pourquoi es-tu entrée dans la peau d'un serpent?

Elle lui répondit :

— Je suis la fille d'un roi; comme j'avais été enlevée par des voleurs, je me suis glissée dans un étui en peau de serpent afin de leur échapper et d'être sauvée. Si tu me ramènes chez mon père, tu recevras une bonne récompense.

Ebrâhim accepta. Aussi le jour suivant, il mit autour de son cou la jeune fille qui était retournée dans son étui en peau de serpent et il se mit en route. Sa mère eut beau pleurer et le supplier, rien n'y fit; il partit.

En chemin, la jeune fille lui dit :

— O jeune homme, lorsque tu m'auras ramenée chez mon père et qu'il te demandera ce que tu désires, tu lui répondras que tu veux uniquement son pied de narguilé.

Étonné, Ebrâhim répondit :

— D'accord, mais à quoi me servira ce pied de narguilé et que pourrai-je en faire?

La jeune fille lui dit :

— Ce pied de narguilé te donnera tout ce que tu désires. Ainsi, à tout moment et en tout lieu où tu le jetteras par terre, un beau palais se trouvera construit; il contiendra tout ce qui est utile et nécessaire pour y vivre et se nourrir; tout ce que ton cœur désire s'y trouvera.

Ebrâhim acquiesca. Lorsqu'il arriva chez le roi, celui-ci se réjouit de revoir sa fille et il fit pavoiser la ville.

Finalement, après avoir organisé des fêtes et des réjouissances, le roi dit, un jour, à Ebrâhim :

— Eh bien, mon garçon, en échange du service que tu m'as rendu, demande-moi ce que tu veux et je te le donnerai.

Ebrâhim répondit :

— Je veux uniquement le pied de votre narguilé.

Le roi, étonné, demanda :

— Comment sais-tu que je possède un tel pied de narguilé? Reviens sur ta décision; je te donnerai tout l'or et tous les bijoux que tu veux; je te donnerai même mon royaume si tu le désires.

Mais Ebrâhim n'accepta pas. Finalement, il prit le pied de narguilé, dit adieu et partit.

Il marcha et marcha jusqu'à ce qu'il atteignît une terre inculte, sans eau ni végétation. Il avait faim et soif; aussi il regretta d'avoir acquiescé aux paroles trompeuses de la jeune fille et d'avoir renoncé à tant de choses pour garder ce pied de narguilé sans valeur. Il se dit qu'il allait essayer pour voir ce qui allait se passer et il jeta le pied de narguilé par terre.

Soudain, il vit apparaître une construction très belle et grandiose, avec tout le confort. Dans la salle à manger, la table était dressée et chargée de nombreux plats; Ebrâhim s'assit et se mit à manger avec avidité. Lorsqu'il fut rassasié, il se leva et il inspecta les chambres; il vit que tout le nécessaire y avait été réuni. Tout à coup, il entendit frapper à la porte et il vit deux derviches mendiants. Ils regardaient avec étonnement ce palais; ils demandèrent la permission d'entrer pour manger une bouchée de pain et se mouiller la gorge.

Lorsque ces deux personnes furent rassasiées après qu'Ebrâhim les eut conduites à table, elles voulurent prendre congé.

L'une d'elle dit :

— Eh Ebrâhim, pour quelle raison, as-tu un tel palais si bien meublé, au milieu d'un désert?

Ebrâhim raconta toute son aventure depuis le début.

Le derviche dit :

— Moi aussi j'ai une bague magique; chaque fois qu'on la frotte, avec la main, quatre forts esclaves noirs en sortent et exécutent tous mes ordres. Es-tu prêt à échanger le pied de narguilé contre la bague?

D'abord, il n'accepta pas, mais devant l'insistance des derviches, il donna le pied de narguilé et prit la bague. Lorsque les derviches furent partis, Ebrâhim resta seul sur cette terre aride; immédiatement, il regretta d'avoir laissé s'échapper un objet d'une telle valeur. Seul et sans logis, il traversa cette étendue désertique. Brusquement, il lui vint à l'esprit de frotter la bague de sa main; quatre forts esclaves se présentèrent. Ebrâhim leur ordonna d'aller immédiatement retrouver les derviches pour leur reprendre le pied de narguilé. Les esclaves partirent et au bout de quelques minutes, ils revinrent avec le pied de narguilé. Ebrâhim fut très content, il poursuivit sa route si bien qu'il arriva dans un endroit au climat agréable. Près du lieu où le roi avait sa résidence de campagne, il jeta le pied de narguilé par terre et un palais plus beau et plus somptueux que celui du roi, apparut. Il frotta sa main sur la bague et quatre esclaves, les mains croisées sur la poitrine, se tinrent devant lui afin d'obéir à ses ordres. Bref, un jour, la fille du roi était sortie pour se promener; elle aperçut le palais, elle demanda à ses familiers à qui il appartenait. On lui répondit que son propriétaire était un jeune homme appelé Ebrâhim. La princesse désira lui rendre visite et on fit prévenir Ebrâhim de son arrivée. Il se prépara à la recevoir; il l'accueillit et la reçut de telle façon que la jeune fille n'avait jamais rien vu de pareil. Elle demanda à Ebrâhim la raison de tout cela; il lui raconta tout. La princesse lui demanda de lui offrir la bague magique. Il accepta, mais lorsqu'elle fut partie, il regretta. Il fut ennuyé et ne sut que faire. A ce moment, son chat fidèle s'avança et lui dit :

— Maître, pour quelle raison êtes-vous soucieux ?

Ebrâhim lui confia l'histoire. Le chat lui dit :

— Cette nuit, je vais récupérer la bague.

Ebrâhim demanda :

— Comment feras-tu cela ?

Le chat répondit :

— Maintenant, donnez-moi la permission de partir afin que je vous rapporte la bague.

Il sortit, se rendit chez le roi et se cacha dans la chambre à coucher de la jeune fille jusqu'à la tombée de la nuit.

Elle vint se coucher et le chat vit qu'elle cachait la bague sous sa langue puis s'endormait. Le chat se dit :

— Que faire ?

Soudain, il fit un bond pour sortir de la chambre. Il s'embusqua dehors près d'un trou jusqu'au moment où une souris en sortit. Il s'élança et attrapa la souris. Celle-ci se mit à crier, mais le chat lui dit :

— Je ne te mangerai pas et je te rendrai la liberté si tu acceptes une condition.

La souris accepta et elle se mit en route avec le chat. Ils allèrent dans la chambre de la princesse et le chat lui dit :

— Va sur le visage de la princesse, mets ta queue dans sa narine pour qu'elle éternue et qu'ainsi, la bague qui est sous sa langue, tombe.

La souris fit cela; la bague tomba de la bouche de la princesse; le chat s'en empara et, en courant, il l'apporta à Ebrâhim. Celui-ci fut content, il caressa le chat. Peu de temps après, il demanda la main de la princesse.

Il devint le gendre du roi et il fit venir sa mère auprès de lui. Ils vécurent le reste de leur vie dans le bonheur et la joie.

Conte n° 15

AHMAD LE PUISEUR D'EAU ET LA FILLE DU MARCHAND
(Meched I, 44 - AT 560)

Il était quelqu'un, il n'était personne, à part Dieu, il n'y avait personne.

Dans une ville, il y avait un orphelin appelé Ahmad. Chaque jour, il allait travailler dans l'une ou l'autre maison. En échange, il recevait du maître un peu de nourriture; il la mangeait et en gardait une partie pour son dîner.

Un jour, Ahmad qui était en train de vider l'eau du bassin chez un commerçant, aperçut soudain une jeune fille dont la beauté était comparable à celle du soleil. Il tomba amoureux d'elle comme s'il eût eu cent cœurs au lieu d'un seul. De telle sorte qu'il abandonna son travail; interdit et ahuri, il la contempla. Aussi, lorsque la fille du marchand vit qu'Ahmad la regardait de cette façon, elle fut intimidée et immédiatement elle rentra dans sa chambre. Elle raconta à sa mère de quelle façon, le garçon qui vidait l'eau du bassin, s'était arrêté pour la regarder. La mère de la jeune fille sortit et se mit à crier sur Ahmad en lui demandant pourquoi il ne faisait pas son travail, car il devait se dépêcher parce que le soleil serait couché dans une heure. Ahmad soupira et se remit à puiser l'eau du bassin qui fut complètement vide au moment du crépuscule. Alors il vit une grenouille qu'il saisit pour la jeter au loin. Mais soudain, elle se mit à parler et dit :

— O Ahmad, ne me jette pas par terre; si tu me portes dans un lac hors de la ville, en échange, je t'apprendrai quelque chose qui te rendra heureux dans la vie et tu réaliseras ce que tu souhaites.

Ahmad prit la grenouille; il reçut un peu d'argent et de pain de la femme du marchand. Puis, il sortit de la maison. Alors qu'il faisait sombre et qu'on allait bientôt fermer les portes, il se dirigea vers le lac situé hors de la ville. Lorsqu'il y arriva, il jeta la grenouille dans l'eau. Au bout de deux minutes, elle en ressortit et lui dit :

— Reste cette nuit au bord du lac et retourne en ville au matin. Avec les quelques sous que la femme du marchand t'a donnés, achète un peigne, un miroir et un flacon de khôl.

Ensuite, ressors de la ville et va près de la montagne; tu arriveras devant une caverne dans laquelle vit une goule femelle. Ramasse quelques pierres et lance-les dans la caverne. Lorsque la goule sortira, dis-lui : «Je suis un marchand ambulant; veux-tu acheter un miroir, un peigne et un flacon de khôl?».

La goule te demandera : «Qu'est-ce qu'un miroir?». Montre-lui le miroir, puis mets aussi un peu de khôl sur ses yeux, ainsi elle sera contente. Après cela, elle te demandera : «A quoi sert ce peigne?». Tu te peigneras toi-même et tu lisseras tes cheveux. Alors, elle te confiera sa tête. Tout en étant occupé à la peigner, tu verras au milieu de sa tête, un gros cheveu rouge que tu arracheras sans qu'elle s'en aperçoive. Ensuite, mets le cheveu dans ta poche, prends ce qu'elle te donnera et pars. Après cela si la goule te poursuit et t'appelle, ne lui réponds pas, car il se pourrait qu'elle t'attrape, te reprenne son cheveu rouge et le mette autour de ton cou en le serrant pour t'étouffer. Bref, poursuis donc ta course jusqu'à ce que tu arrives près d'un puits. A ce moment, attache une extrémité du cheveu à une pierre; saisis l'autre extrémité et descends par ce moyen dans le puits. Là, tu verras plusieurs jarres de bijoux et d'or; ne les touche pas, mais passe l'extrémité du cheveu dans leurs anses. Alors, lorsque l'extrémité du cheveu sera attachée, remonte seul. Lorsque tu seras en haut, tire le bout du cheveu afin de faire monter les jarres. Enlève le couvercle d'une des jarres qui est fermée; une épaisse fumée s'élèvera dans l'air. Ferme les yeux et au bout d'un instant, ouvre-les. Tu verras un efrit avec de grandes cornes et une longue queue; il te saluera. Réponds-lui et dis-lui d'apporter ces jarres en ville. L'efrit portera les jarres en ville. Finalement, fais-toi construire un palais avec cet or et mets-toi à faire du commerce. Le marchand qui est le père de la jeune fille deviendra ton ami. A ce moment, tu pourras épouser sa fille.

Après cela, la grenouille disparut sous l'eau; Ahmad mangea le repas que la femme du marchand lui avait donné et il dormit là, au bord du lac.

Le matin, il s'éveilla et se rendit en ville. Il acheta un miroir, un peigne et un flacon de khôl et il se dirigea vers la montagne dans laquelle il y avait une caverne. Il vit la goule et il se conforma aux instructions de la grenouille. Lorsqu'Ahmad apporta les jarres en ville, la première chose qu'il fit, fut de s'acheter un costume de commerçant. Après avoir revêtu ses habits, il acheta un grand jardin situé au milieu de la ville. Il y construisit de beaux palais et il se mit à faire du commerce dans la ville.

Au bout de quelques temps, sa réputation grandit et il fit des affaires avec tous les commerçants de la ville. Plus qu'avec les autres, il eut des rapports chaleureux avec le père de la jeune fille de telle sorte qu'il l'invita plusieurs fois dans son palais. Quand le marchand rentrait chez lui, il racontait ce qu'il avait vu dans le palais d'Ahmad et disait :

— Si Ahmad devenait notre gendre, nous serions très heureux.

Sa femme répondit :

— Ce n'est pas difficile; nous allons l'inviter chez nous pour qu'il voit notre fille, en devienne amoureux et la demande en mariage. Alors, nous la lui accorderons tout de suite et nous ferons les préparatifs de la noce.

Le marchand se réjouit; le lendemain, il se rendit auprès d'Ahmad et l'invita à déjeuner. Ahmad qui attendait une telle invitation, s'habilla, monta sur un cheval blanc et alla chez le marchand. Sa femme et sa fille se tenaient près de la fenêtre et lorsqu'elles virent Ahmad, la mère dit à sa fille :

— Si tu plais à cet Ahmad, tu seras la plus heureuse des filles de la ville.

La jeune fille sortit la tête pour le regarder et elle pâlit. La mère dit à sa fille :

— Comment est ce jeune homme?

La jeune fille soupira et se mit à réfléchir.

La mère s'étonna et de nouveau lui demanda :

— Tu n'as pas dit s'il te plaisait ou non?

La jeune fille releva la tête et dit :

— O mère, depuis longtemps il me plaît, mais je n'osais rien dire!

A ces mots, la mère fronça les sourcils et dit :

— Ah! Le connaissais-tu donc auparavant et le fréquentais-tu?

La jeune fille répondit :

— Non, je ne suis jamais sortie de la maison.

La femme du commerçant dit :

— Où l'as-tu donc vu?

La fille répondit :

— Tu te souviens qu'il y a quelques temps, un jeune homme est venu pour vider notre bassin.

La femme du marchand dit :

— Oui.

La fille répondit :

— Celui-ci est ce même Ahmad, le puiseur d'eau.

Sa mère mit sa main sur son épaule et lui dit :

— Ma chère fille, es-tu donc devenue folle? Ce n'était qu'un pauvre ouvrier tandis que celui-ci est un des premiers commerçants de la ville.

La jeune fille dit :

— Bien, cela se voit.

Finalement, Ahmad entra dans la maison et alla au salon. La fille du marchand mit sa belle robe et reçut Ahmad avec sa mère. Celui-ci lança un regard à la jeune fille et il comprit qu'elle le reconnaissait. Au moment où elle étendait la nappe, Ahmad dit au marchand :

— O marchand, comme tu le sais, je n'ai personne dans cette ville. Maintenant que j'ai accepté ton invitation, je voudrais avec une flèche toucher deux cibles : dis-moi si tu es prêt à m'accepter comme gendre et à me donner ta fille?

Le marchand qui souhaitait cela du fond du cœur, regarda sa femme et sa fille puis il dit :

— J'accepte volontiers de te donner ma fille comme esclave.

Immédiatement Ahmad enleva la bague ornée d'un diamant qu'il portait au doigt et la donna à la jeune fille en disant :

— Depuis que je t'ai vue, il y a quelque temps, j'ai désiré te prendre comme épouse; heureusement, je suis arrivé à réaliser mon souhait. Maintenant, permets-moi de te passer cette bague au doigt.

La jeune fille lança un regard significatif à sa mère et dit :

— Mère, donnes-tu la permission?

La mère répondit :

— Oui.

La jeune fille sourit au marchand et lui dit :

— La décision vous revient.

Ils se marièrent le jour même et vécurent ensemble désormais.

Conte n° 16

LE PETIT RAHIM

(Meched I, 32 - AT 563)

A l'époque de Châh Abbâs le Grand, il y a environ deux cent trente ans, vivait modestement et difficilement, un pauvre tailleur appelé Yaghoub. Il habitait avec sa femme et son unique enfant, un garçon nommé le petit Rahim, dans une maison campagnarde située aux alentours de Zâhedân.

Yaghoub n'avait pas beaucoup de clients. La plupart des cultivateurs et des riches propriétaires ne venaient pas chez lui. Ils recherchaient la nouvelle mode pour leurs vêtements et ils se rendaient chez les tailleurs importants et connus de la ville. C'était pour cette raison que ce tailleur peu connu n'avait pas un capital suffisant.

Le chef du village, appelé Soleimân, se rendit auprès de maître Yaghoub pour qu'il lui fasse des vêtements, mais comme il était avare, il ne lui paya pas son salaire. Comme il avait confectionné plusieurs fois des vêtements sans recevoir son salaire, le vieux maître-tailleur qui ne gagnait rien, ne pouvait pas donner à sa famille la possibilité d'avoir une vie aisée. Aussi, il fut obligé, outre son métier de tailleur, de faire celui de bûcheron et de ramasser du bois dans la forêt.

Néanmoins, la vie fut difficile pour lui, sa femme et son enfant. Par contre, son fils Rahim était très bon et très gentil; jamais il n'abandonnait son père et sa mère qui étaient accablés de difficultés. Chaque jour, il allait au bois à la place de son père, il rassemblait des bûches et les rapportait. Puis il aidait sa mère à la maison, autant qu'il pouvait.

Une fois, il alla au bois selon son habitude, chercher des bûches. Lorsqu'il entra dans la forêt, il vit devant lui une rivière assez profonde qu'il se prépara à franchir à tout prix. Soudain, il vit au milieu de l'eau quelques nains invisibles qui sont des sortes de djenns. Les nains l'entourèrent et avec des plaintes et des supplications lui demandèrent de les transporter sur ses épaules et de les déposer de l'autre côté de la rivière.

Rahim qui était un garçon aimable et serviable, accepta avec grand plaisir leur requête. Il les prit, un à un, sur son dos et il les porta tous sur la rive opposée. Il voulait leur dire adieu et poursuivre son travail, lorsque le chef des nains lui dit :

— Maintenant que tu t'es donné tant de peine avec une amabilité incomparable, je t'offre comme cadeau cette paire de souliers magiques pour le service que tu nous as rendu. Si tu mets à ton pied droit le soulier sur lequel une fleur est dessinée, personne ne te verra ; si tu mets à ton pied droit l'autre soulier qui n'a pas de marque, tu auras immédiatement tout ce que tu désires.

D'abord, Rahim ne voulut pas accepter et dit :

— Je ne vous ai pas aidés pour recevoir un cadeau et un salaire.

Mais le chef des nains insista et même il le menaça s'il n'acceptait pas leur cadeau de le faire payer cher.

Rahim fut donc obligé d'accepter ; il jeta ses chaussures qui étaient très vieilles et inmettables ; il chaussa les souliers neufs et il partit. Après avoir terminé son travail, il mit son fagot de bûches sur son dos et il rentra à la maison. Comme son absence avait été longue, son père et sa mère étaient inquiets et ils l'attendaient. Quand Rahim frappa à la porte, son père courut pour ouvrir, mais il ne vit personne.

Rahim salua et dit :

— Je suis Rahim, votre fils.

Le père dit :

— Je ne vois personne ; Rahim où es-tu, puisque j'entends ta voix et que je ne te vois pas ?

Rahim comprit qu'il était invisible, car il avait mis le soulier orné d'une fleur au pied droit ; il l'enleva. Son père le vit et lui demanda :

— Que s'est-il passé ? Pourquoi étais-tu invisible ? A ce moment où étais-tu ? Pourquoi es-tu revenu si tard ?

Le garçon conta toute son aventure. Son père et sa mère lui dirent :

— Maintenant qu'une telle faveur nous est accordée, en mettant tes souliers, tu dois demander à Dieu qu'il exauce ton vœu en nous donnant un dîner plantureux et délicieux.

Suivant leurs ordres, Rahim obéit. A l'instant même, un dîner abondant composé de toutes sortes de mets délicieux apparut devant eux. Depuis longtemps, ils n'avaient pas eu un repas aussi bon. Aussi, ils s'en régalèrent et mangèrent avec un appétit extraordinaire.

Le lendemain Yaghoub dit à son fils :

— Le chef du village ne m'a pas donné mon salaire, j'ai eu beau supplier, il ne m'a rien répondu. S'il donnait cet argent, je pourrais subvenir à toutes les dépenses de la famille.

Rahim mit les souliers magiques suivant les ordres du nain bienfaisant. Il alla chez le cruel Soleimân pour lui demander de payer la dette qu'il avait envers son père. Mais l'homme impitoyable ne lui répondit rien et même, il se moqua du petit garçon. Rahim fut donc obligé de mettre le soulier orné d'une fleur au pied droit et à la tombée de la nuit, il entra dans la chambre du chef du village. Au moment où il fermait les yeux pour dormir, Rahim qui était tout à fait invisible, prit un balai et le frotta sur le visage de cet homme.

Soleimân s'éveilla en sursaut et s'écria :

— O Dieu, qui est-ce? Qu'est-ce? Est-ce une mouche ou un moustique qui m'empêche de dormir?

Il appela ses domestiques qui vinrent, mais ne virent rien. De nouveau, lorsqu'il s'endormit, Rahim recommença la même chose. Bref, cette nuit-là, il ne put pas dormir et il marcha dans sa chambre, fatigué et énervé jusqu'au matin.

Rahim enleva ses souliers, il apparut immédiatement devant cet homme et lui dit :

— Si tu veux dormir tranquillement et que personne ne te dérange, paie, ni plus ni moins, la dette que tu dois à mon père. Dès maintenant, chaque nuit cette situation se reproduira et tu ne pourras même pas dormir une heure.

Soleimân comprit que c'était Rahim, le fils du malheureux tailleur qui était la cause de ses ennuis; que c'était Dieu qui le soutenait ou qu'il avait une puissance magique; il se repentit et rendit tout l'argent qu'il devait au pauvre tailleur.

La tête haute, Rahim retourna triomphant chez son père et lui donna l'argent. Grâce à cela, dès ce jour, cette famille vécut dans l'aisance et le bonheur. Ils aidèrent toujours leurs semblables et n'oublièrent pas leurs amis.

Conte n° 17

YAGHOUT

(Meched I, 34 - AT 709)

Il était quelqu'un, il n'était personne, à part Dieu, il n'y avait personne.

Il y avait un roi dont la cousine était très belle; comme il l'aimait, il l'épousa. Les jours et les semaines passèrent et tous deux vivaient heureux ensemble. Au bout d'un an, Dieu donna à ce couple prospère, une fille qu'on appela Yâghout. C'était une jolie petite fille dont le visage ressemblait à une rose. Au bout de trois ans, la reine devint malade; sa maladie fut longue et finalement, elle en mourut. Comme le père de Yâghout était seul, il se choisit une autre épouse. Dès les premiers jours, cette femme n'aima pas Yâghout et finalement, elle décida de la faire disparaître.

Un jour, elle prit une jarre d'eau et du pain sec ainsi que la main de Yâghout. Elles marchèrent tant qu'elles arrivèrent dans un désert sans eau ni arbre. Elle dit à la jeune fille :

— Assieds-toi ici, je pars mais je vais bientôt revenir.

Puis elle partit après lui avoir dit au revoir. Yâghout eut beau rester là, elle n'eut plus de nouvelles de sa belle-mère. La nuit étant tombée, elle prit le restant d'eau et de pain et ensuite, se mit en route dans le désert. Au bout de quelques heures, ses yeux tombèrent sur une jolie maison qui avait une grande porte de fer. Elle alla jusqu'à la porte qui était ouverte et entra. Elle vit au milieu de la cour, de grandes marmites de polow-khorecht posées sur un foyer. Comme elle avait très faim, elle en mit un peu dans un plat et elle commença à manger. Elle savait que cette maison et ce repas appartenaient à des divs. Lorsqu'elle fut rassasiée, elle réfléchit pour savoir où elle pourrait se cacher dans cette maison afin qu'ils ne la dévorent pas et ne s'occupent pas d'elle. A la fin, elle alla à la cave et se cacha dans un grand tonneau de farine. Une heure passa, puis les divs descendirent du ciel en grondant et ils atterrirent; il y avait plusieurs frères. Dès qu'ils arrivèrent sur la terre, l'aîné se mit à crier qu'il sentait l'odeur humaine et que celui qui était entré dans la maison devait en sortir. Il eut beau crier, Yâghout ne sortit pas. Il répéta ces paroles mais la petite fille avait peur d'être dévorée. Finalement il dirent et promirent :

— O être humain, nous ne nous occuperons pas de toi, nous jurons, qui que tu sois, de nous conduire avec toi comme des frères.

Yâghout sortit de la farine et elle fut effrayée par leurs formes hideuses. Les frères virent que l'être humain était une très jolie petite fille. Ils lui demandèrent de leur raconter sa vie; elle fit le récit de son malheur et lorsqu'ils l'entendirent, ils eurent pitié d'elle. Depuis ce jour, ils l'appelèrent Sœur et ils l'aimèrent beaucoup. Les jours passèrent et cette nouvelle parvint aux oreilles de la méchante reine. On lui conseilla d'aller voir la vie agréable et aisée, menée par Yâghout. Comme elle ne l'aimait pas, cette fois-ci, elle prit une décision plus méchante. Elle se vêtit d'un habit de paysanne, elle prit à la main quelques paquets de gomme de térébinthe et elle se dirigea vers la maison des divs.

Lorsqu'elle arriva devant la porte, elle dit :

— O jolies jeunes filles, venez m'acheter des gommes de térébinthe.

Yâghout ouvrit la fenêtre et dit :

— Donne-moi une gomme, je n'ai pas d'argent, mais à la place, je te donne mes boucles d'oreilles.

La femme répondit :

— Non, une gomme, ce n'est rien, je ne veux pas d'argent.

Yâghout mit la gomme en bouche et se mit à la mâcher. Quelques minutes ne s'étaient pas écoulées qu'elle s'évanouit et tomba par terre, sans connaissance. A midi, les frères rentrèrent. Lorsqu'ils virent Yâghout, ils crurent qu'elle était morte. Mais ils ne savaient pas que la gomme était empoisonnée et lui avait fait perdre connaissance. Ils l'habillèrent de beaux vêtements neufs et ils la mirent sur un grand cheval blanc; ils la couvrirent de tous les bijoux et de tout l'or qu'ils possédaient, puis ils lâchèrent le cheval dans le désert. Un jeune paysan l'aperçut, il s'avança et il vit Yâghout enfouie sous les bijoux; il l'amena chez lui. Lorsqu'elle fut remise, il la questionna et il comprit qu'elle était une princesse. Il la conduisit chez le roi qui fut très heureux, lui donna des bijoux et lui dit qu'il serait son gendre le jour même.

On attacha les longs cheveux de la reine à la queue d'un cheval que l'on lâcha dans le désert.

Ceci est l'histoire d'une femme qui était jalouse et méchante.

Notre récit est terminé. C'est de cette façon que le jeune paysan et Yâghout commencèrent une vie heureuse.

Conte n° 18

LA HACHE TOMBÉE DANS UN TORRENT

(Meched IV, 100 - AT 729)

Il était quelqu'un, il n'était personne, à part Dieu, il n'y avait pas de consolateur.

Il y avait un pauvre arracheur de broussailles qui avait plusieurs enfants et dont la femme était malade. En arrachant des broussailles, il obtenait quelques sous dont il vivait difficilement. Le père prenait sa hache le matin et il allait dans les champs et les montagnes; partout où il y avait des broussailles, il les arrachait, les rassemblait et après avoir lié quelques fagots, il les mettait sur son dos et il revenait en ville. Il les vendait au boulanger ou au patron du bain. Avec l'argent qu'il en obtenait, il achetait un peu de pain et de fromage; il rentrait chez lui et il mangeait avec sa femme et ses enfants. Le lendemain, de même, le bonhomme sortait le matin et ne revenait que le soir. Ses enfants, les yeux fixés sur la porte, attendaient le retour de leur père pour manger.

Souvent, il ne trouvait pas de broussailles et il était obligé de rentrer les mains vides ou seulement avec un peu de pain. Quand les enfants voyaient cela, ils étaient tristes et en pleurant, ils allaient dormir, affamés.

Leur voisin était un jeune arracheur de broussailles qui était plein de force; il pouvait aller plus loin, ramasser plus de fagots et ainsi obtenir plus d'argent.

Souvent il ne se contentait pas de ce qu'il obtenait; chaque jour, il partait plus tôt que le vieux bonhomme et ainsi il ramassait les broussailles des alentours du village. Et lorsque le vieil homme arrivait hors de la ville, il voyait que quelqu'un avait déjà arraché les broussailles avant lui; il devenait triste, car il était impuissant et incapable de travailler.

Sa maison était située de telle sorte que, pour sortir du village, il devait traverser un ruisseau qui n'avait pas de pont, aussi il sautait au-dessus de l'eau. Un matin, en se rendant à son travail, il laissa tomber sa hache dans le ruisseau au moment où il sautait. Comme le ruisseau était profond, le bonhomme se fit du souci et s'assit de l'autre côté pour réfléchir. Il pensa que ce jour, il ne récolterait rien puisque sa hache était perdue; il décida de partir dans une autre région et de ne plus rentrer chez lui auprès de sa femme et de ses enfants.

A ce moment même, un poisson sortit tout à coup sa tête de l'eau; il tira une hache d'or de la rivière en disant :

— Bonhomme, ne te fais pas de soucis, voici ta hache qui est tombée dans notre rivière, prends-la.

L'homme répondit :

— Non, poisson, ma hache n'était pas en or; cette hache-ci ne m'appartient pas.

Cette réponse plut au poisson; il alla chercher la hache du bonhomme au fond de la rivière; il la lui donna ainsi que la hache d'or et lui dit :

— Cette hache d'or est la récompense de la vérité que tu as dite; prends-la, vends-la et vis avec cet argent.

Le bonhomme fut très content et il rentra chez lui. Il raconta son aventure à sa femme et à ses enfants.

Le lendemain, il vendit la hache d'or et avec l'argent, sa famille vécut bien jusqu'au jour où son jeune voisin vint chez lui et lui dit :

— Toi, qu'as-tu fait pour être dans une si bonne situation, être devenu riche?

Le bonhomme lui raconta toute l'aventure.

Le jour suivant, le jeune arracheur de broussailles, qui était méchant, prit sa hache. Lorsqu'il voulut traverser le ruisseau, il jeta immédiatement sa hache dans l'eau et il s'assit tristement de l'autre côté de la rivière. Au bout de quelques minutes, le même poisson sortit la tête de l'eau et il demande au jeune homme :

— Pourquoi es-tu triste?

Il répondit :

— Parce que ma hache est tombée dans l'eau et que je ne peux pas l'en retirer.

Immédiatement, le poisson plongea sous l'eau, il en sortit une hache d'or et dit :

— Voici ta hache, prends-la.

Le jeune arracheur de broussailles étendit la main pour saisir la hache, mais le poisson la laissa tomber dans l'eau en disant :

— Va-t-en, menteur, tu n'avais pas de hache d'or! Puisque tu as menti, je ne te rends pas ta hache.

Le jeune homme fut ennuyé et, sans hache, il se mit en route vers sa maison. Il décida de ne plus mentir de sa vie.

Notre histoire est terminée; le corbeau n'a pas mis la patte dans sa maison.

Conte n° 19

LES TROIS SŒURS

(Meched I, 15 - AT 780)

En revenant du hammam du village voisin, trois sœurs rencontrèrent un calender; elles lui demandèrent de les aider à traverser la rivière. Il accepta à la condition que chacune lui donnât cinq baisers. Les deux aînées acceptèrent, mais la cadette refusa. Elle fut obligée, pour traverser la rivière, de jeter quelques pierres et de cette façon, elle arriva sur l'autre rive. Mais alors, les deux aînées eurent peur que la cadette ne révélât leur secret et elles l'attachèrent par les cheveux au tronc d'un arbre, puis elles partirent. En chemin, elles rencontrèrent un lion qui voulait les dévorer mais elles lui montrèrent leur jeune sœur. Le lion les laissa partir et il dévora la pauvre petite; mais une goutte de son sang tomba sur le sol; au bout d'un certain temps, un roseau en germa et grandit. Un jour, un berger le cueillit et s'en fit une flûte. Comme il s'amusait à y souffler, le frère des trois sœurs entendit la flûte qui chantait :

— Joue, joue, ô berger; tu joues bien ô berger;
  Les sœurs libertines ont donné cinq baisers au calender,
  Mais moi, j'ai posé des pierres moi-même et j'ai passé l'eau.

Après avoir entendu ce chant, le frère prit la flûte et rentra chez lui. Il se mit à jouer auprès de ses deux sœurs qui comprirent. Elles brûlèrent le roseau et jetèrent ses cendres sur le tas.

Puis un jour, le frère répandit les cendres sur son champ. De la cendre du roseau sortit une pastèque belle et grosse. Il la cueillit et l'apporta à la maison, mais en chemin, il la laissa tomber. La pastèque se fendit en deux, il en sortit une jolie jeune fille qui était sa propre sœur. Le frère fut très heureux de retrouver sa petite sœur qui lui raconta toute son histoire. Ils allèrent chez leurs parents; le lendemain, on rassembla tous les habitants du village. Ils ramassèrent des bûches et on fit brûler les deux méchantes sœurs sur le bûcher.

Conte n° 20

UN MENSONGE PARMI TROIS MENSONGES

(Meched I, 38 - AT 852)

Il était quelqu'un, il n'était personne, à part Dieu, il n'y avait personne.

Autrefois, il était un roi qui avait une jolie fille pleine de charme et d'une beauté incomparable. Quiconque la voyait, devenait amoureux d'elle comme s'il eût eu cent cœurs au lieu d'un seul. Un jour, un jeune chauve lui donna son cœur de sorte qu'il en perdit l'appétit et pensa tout le temps à elle.

La mère du chauve, voyant que son fils s'affaiblissait peu à peu, lui en demanda la cause :

— Mon fils, es-tu malade?

— Non, Mère.

— Alors, qu'as-tu?

— Je ne sais pas, Mère.

La mère continua à le questioner jusqu'à ce que son fils lui avouât qu'il était amoureux de la fille du roi. En entendant ces mots, la mère dit avec étonnement :

— Mon fils, il n'y aucun lien possible entre la princesse et toi car il y a trop de différences entre vous; tu es pauvre et sans biens. Il n'y a aucune similitude d'aucune sorte entre toi et la fille du roi; il vaut mieux que tu l'oublies.

Le chauve n'écouta nullement ces paroles et finalement, il obligea sa mère à se rendre au palais royal pour demander la main de la princesse. La mère, effrayée et tremblante, fit cette demande, mais malheureusement elle s'en retourna avec un refus. Lorsqu'elle en informa son fils, il en devint malade de chagrin. Jusqu'au jour où le Châh fit annoncer que celui qui pourrait dire trois très gros mensonges dont le Châh devrait accepter l'un comme indéniable, recevrait la main de la princesse, mais que, si le Châh n'acceptait aucun de ces mensonges, il devrait mourir. Cette nouvelle se répandit de tous côtés jusqu'à ce qu'elle arrivât aux oreilles du chauve. Il annonça qu'il était prêt à dire de tels mensonges, mais qu'il voulait quarante jours, de délai. Le Châh accepta sa requête et lui accorda ce délai. Le chauve s'en réjouit et utilisa ce temps pour préparer les mensonges. Il donna l'ordre de tresser en dehors de la ville, un si grand panier qu'il ne pourrait pas passer par la grand'porte. Le temps du délai s'acheva, le jour fixé arriva; le Châh, ses ministres et tout le peuple se rassemblèrent dans un vaste lieu pour entendre les mensonges du chauve. Le chauve attendait l'ordre du roi. Le Châh dit :

— Eh bien, dis ton premier mensonge.

Le chauve commença ainsi son premier mensonge :

— Un jour, je chevauchais un âne, en mangeant des noix ; soudain, une noix tomba de ma main et s'enfonça dans l'épaule de l'âne ; au bout de quelques jours, elle grandit et devint un si grand arbre que quarante personnes y montèrent au moment de la récolte des noix pour les gauler ; néanmoins aucune n'entendait le bruit de la gaule d'une autre.

Tous se turent, en regardant vers le Châh, et attendirent pour voir de quelle façon le roi jugerait.

Le Châh dit :

— Il est possible qu'une telle chose existe ; ceci n'est pas un mensonge ! Dis maintenant le deuxième mensonge.

— Un jour, je rapportais un coq à la maison et lorsque je passais devant la boutique du fruitier, soudain, il s'envola. Je le poursuivis ; il entra dans une pastèque ; à sa suite, j'entrai moi aussi dans la pastèque ; après l'avoir cherché pendant quarante jours, je le retrouvai dans un des pépins de la pastèque.

Le Châh dit :

— Ceci non plus n'est pas impossible, c'est la vérité. Dis maintenant le troisième mensonge.

Avec colère, le chauve dit :

— Le troisième mensonge est si gros qu'il n'entrera pas par la grand'porte. Pour l'entendre et le voir, nous devons sortir de la ville.

Le Châh fut d'accord. Tous sortirent et lorsqu'ils arrivèrent au but, ils ne virent rien d'autre qu'un grand panier complètement vide. Tout le monde attendait ce que le chauve allait faire. Il dit le troisième mensonge de la façon suivante :

— Sire, votre père, pendant son règne a emprunté à mon père, avec ce panier, quarante panerées d'or et vous m'en êtes redevable maintenant.

Le Châh fut embarrassé par ce mensonge ; il se mit à réfléchir et finalement cria :

— Ce n'est pas vrai, c'est un mensonge !

Car il préférait donner sa fille au chauve plutôt que quarante panerées d'or.

Ensuite, il ordonna d'illuminer la ville pendant quarante jours et quarante nuits jusqu'à ce qu'il prît le chauve comme gendre. Ainsi, le chauve désespéré atteignit son but ambitieux.

Conte n° 21

LES QUARANTE JEUNES FILLES
(Meched I, 28 - AT 879)

Il était une fois un roi qui avait quarante filles dont les mères étaient mortes. Aussi, il avait confié le soin d'élever les princesses à leur nourrice qui avait une fille âgée de douze ans appelée Fâtmè.

Un jour, le roi décida de partir en voyage pour quarante jours et il promit à la nourrice de lui donner la récompense qu'elle désirait si, à son retour, il retrouvait les quarante princesses en parfaite santé. Mais il menaça de la punir dans le cas contraire. La nourrice n'accepta pas cette responsabilité, car elle répondit au roi que chacun était guetté à chaque instant par le danger de devenir malade ou même de mourir.

Par contre, la jeune Fâtmè accepta la charge mais sa mère la lui déconseilla, car il n'était pas logique que la jeune fille acceptât ce que sa mère estimait devoir refuser.

Comme Fâtmé insistait, le roi lui confia ses quarante filles et partit en voyage.

Alors Fâtmè organisa le départ des quarante princesses pour la campagne. Elle envoya les domestiques, les provisions, le mobilier et tout ce qui était nécessaire dans une propriété que le roi possédait en dehors de la ville. Ce château se trouvait dans un parc entouré de déserts. La nourrice demanda à Fâtmè pour quelle raison elle voulait conduire des jeunes filles en âge de se marier, dans un endroit aussi désert. Fâtmè répondit qu'elle en connaissait la raison.

Quand elles arrivèrent au château, les quarante princesses déjeunèrent mais Fâtmè ne donna aucun ordre pour que l'on préparât le dîner. Lorsque le soir tomba, elle organisa des danses. Dès que l'on commença à jouer de la musique, Fâtmè se mit à danser, mais elle avait à peine fait quelques tours qu'elle souffla les lampes et sortit dans l'obscurité en déclarant qu'elle allait bientôt revenir. Fâtmè sortit du parc et vit au loin une petite lumière luire dans la plaine. Elle se dirigea vers un grand jardin dont un battant de la porte était ouvert. Elle y entra et aperçut un vieillard assis près d'un foyer sur lequel plusieurs casseroles de polow et de khorecht cuisaient. Fâtmè lui demanda son nom et ce qu'il faisait. Le vieillard répondit qu'il s'appelait Abou-Djéghé et qu'il préparait le dîner de ses quarante fils qui allaient rentrer pour manger à la soirée. Alors Fâtmè se mit à sourire et déclara à Abou-Djéghé qu'elle l'aimait tellement qu'elle voulait l'épouser. Puis, elle demanda à quoi servait la corde qui pendait du plafond. Comme le vieillard répondit que l'on y suspendait les gens que l'on voulait punir, Fâtmè comprit que les quarante fils étaient des voleurs et des brigands.

Ensuite, elle demande à quoi servait le puits qui se trouvait au milieu de la pièce. Abou-Djéghé lui révéla que l'on y descendait ceux dont on voulait se débarasser.

Alors Fâtmè demanda à Abou-Djéghé qu'il la suspendît·à la corde ou la descendît dans le puits pour qu'elle pût voir comment cela se passait. Mais le veillard n'accepta pas de lui faire subir des supplices, car il était charmé par la jeune fille; il accepta plutôt qu'elle le descendît lui-même dans le puits. Dès qu'il fut au fond, Fâtmè mit une marmite de polow et une autre de khorecht sur sa tête et elle s'enfuit.

Puis elle revint au château et elle offrit à dîner aux quarante princesses qui se régalèrent et allèrent se coucher.

Le deuxième soir de nouveau, Fâtmè se mit à danser, puis elle souffla les lampes, saisit les marmites vides et s'en alla chez Abou-Djéghé. Dès qu'elle le vit, elle lui certifia qu'elle n'avait pas eu la force nécessaire pour le retirer du puits la veille au soir, mais qu'elle s'était tourmentée toute la nuit à son sujet et qu'elle se demandait comment il en était sorti. Abou-Djéghé répondit qu'après son départ, ses quarante fils l'avaient retiré du puits, mais qu'il leur avait dit qu'il était tombé lui-même dans le puits avec deux casseroles. Alors, Fâtmè lui dit qu'elle désirait qu'il l'accrochât à la corde suspendue au plafond, mais Abou-Djéghé était si charmé par Fâtmè qu'il craignît lui faire du mal et qu'il accepta plutôt d'être lui-même enchaîné par elle. Lorsqu'il fut accroché au plafond, elle s'empara d'une casserole de riz et d'une casserole de khorecht qu'elle mit sur sa tête et elle s'enfuit. Puis elle revint au château, offrit à dîner aux quarante princesses qui se régalèrent et allèrent se coucher.

Le troisième soir, de nouveau, Fâtmè se mit à danser, puis elle souffla les lampes, saisit les marmites vides et s'en alla chez Abou-Djéghé. Dès qu'elle le vit, elle lui affirma qu'elle n'avait pas eu la force nécessaire pour le faire redescendre du plafond la veille au soir, mais qu'elle s'était tourmentée toute la nuit à son sujet et se demandait comment il était redescendu. Abou-Djéghé répondit, qu'après son départ, ses quarante fils l'avaient délivré mais qu'il leur avait dit qu'il était monté lui-même au plafond. Le vieillard, étant de plus en plus amoureux de Fâtmè, accepta de lui donner du polow et du khorech chaque soir pendant sept jours à condition qu'elle promît de devenir sa femme et de donner les quarante princesses comme épouses à ses quarante fils.

Fâtmè accepta à condition qu'il fît construire quarante chambres et un hammam dont une porte donnerait sur le jardin et l'autre à l'extérieur. Lorsque la construction fut achevée, Abou-Djéghé se réjouit beaucoup. Il fit préparer un festin, invita des musiciens; puis Fâtmè arriva et conduisit les quarante princesses au bain nuptial. Elle les avait habillées de jolies robes; aussi le cœur du vieillard se remplit d'espoir lorsqu'il les aperçut. Il ne remarqua pas que Fâtmè portait un sac.

Les quarante princesses se rendirent dans le hammam; après s'être baignées, elles sortirent par la porte extérieure et rentrèrent dans leur château pendant que Fâtmè lâchait les quarante et un pigeons qui se trouvaient dans son sac et qu'elle allait rejoindre les princesses.

Abou-Djéghé et ses quarante fils attendirent jusqu'au matin que les jeunes filles sortissent du hammam. A l'aube, ils ouvrirent la porte et trouvèrent les quarante et un pigeons. Ils imaginèrent que les jeunes filles étaient des fées qui s'étaient transformées en oiseaux. Mais tout à coup, ils trouvèrent quarante petites pinces qu'elles avaient oubliées et ils comprirent que les jeunes filles s'étaient enfuies et que Fâtmè les avait roulés. Furieux d'avoir été trompés, ils la maudirent et allèrent se coucher.

Dès qu'elles furent rentrées, les quarante princesses s'aperçurent de leur oubli et Fâtmè leur promit de leur rapporter leurs pinces.

Au bout de quelques jours, Fâtmè prépara de la teinture noire et se fit tatouer comme une Bohémienne, puis elle se déguisa avec une longue robe, un foulard sur là tête et un autre sur la bouche. Elle prit un sac qui contenait des cailloux et un livre de magie. Elle se mit en route vers la maison d'Abou-Djéghé en chantant :

— Je dis la bonne aventure, je retrouve les objets perdus!

Dès qu'il entendit ce cri, Abou-Djéghé se hâta vers la porte de son jardin pour lui demander de lui dire l'avenir.

Alors, elle se mit à lui raconter tout ce qui s'était passé avec les quarante princesses. Il lui demanda, si par magie, elle pourrait faire revenir les princesses. La Bohémienne répondit qu'elle le pourrait à condition qu'il lui confiât un objet ayant appartenu à chacune d'elles. Il lui apporta les quarante pinces qu'elle prit et alla sur le toit de la maison. Elle lui fit apporter un «kouzè» neuf, rempli d'eau. Puis elle ordonna à Abou-Djéghé de se tenir à l'intérieur de sa maison et d'écouter chaque fois qu'il entendrait une pince tomber dans l'eau et de les compter. Elle fit des incantations et jeta un à un, quarante cailloux dans le kouzè. Puis, elle mit les quarante pinces dans son sac et ferma le kouzè au moyen d'un couvercle. Ensuite elle redescendit dans la maison, elle confia le kouzè au vieillard en lui recommandant de le garder fermé pendant quelques jours pour que les princesses reviennent. Puis, elle dit qu'alors, elle viendrait chercher sa récompense. Elle partit, revint au château et rendit leurs pinces aux princesses.

Le soir, lorsque les quarante fils d'Abou-Djéghé rentrèrent, leur père leur annonça que les quarante princesses reviendraient dans quelques jours, mais les brigands se méfièrent d'une nouvelle ruse de Fâtmè; ils furent édifiés lorsqu'ils soulevèrent le couvercle du kouzè et virent quarante cailloux!

Alors, Abou-Djéghé fut mortifié de son impuissance et il décida de se venger. Il proposa à ses quarante fils de se cacher dans quarante caisses et de se munir chacun d'un couteau et d'une cuiller. Ensuite il conseilla de charger les quarante caisses sur quarante ânes et de se déguiser en marchand; puis qu'à minuit, les quarante jeunes gens tuent les quarante jeunes filles et boivent chacun une cuiller de leur sang.

Ils firent donc ainsi et Abou-Djéghé frappa, à minuit, à la porte du château en demandant s'il pouvait laisser ses caisses dans la cave jusqu'au lendemain matin. Bien qu'il eût caché son visage, Fâtmè le reconnut et accepta sa proposition. Le marchand déposa ses caisses et partit. Fâtmè servit le dîner des princesses qui étaient inquiètes, mais elle les tranquillisa et leur affirma qu'il ne leur arriverait aucun malheur.

Fâtmè fit chauffer une marmite d'huile. Lorsqu'elle fut bouillante, elle en versa une louche dans chaque caisse. Les quarante jeunes gens furent brûlés et moururent; alors Fâtmè alla se coucher. A l'aube, au moment où Abou-Djéghé vint rechercher ses caisses, il entendit les lamentations de Fâtmè qui se plaignait de quarante brigands. Il crut que son plan avait réussi et il chargea ses quarante caisses et les ramena chez lui. Mais lorsqu'il appela ses fils, ils ne répondirent pas et lorsqu'il ouvrit les caisses il y trouva leurs quarante cadavres. Alors il se mit à pleurer et à se lamenter d'avoir perdu ses quarante fils.

D'autre part, Fâtmè ramena les quarante princesses en ville. Le roi revint de son voyage et demanda à ses filles si elles étaient satisfaites de Fâtmè. Comme les princesses louèrent la conduite de Fâtmè, le roi lui demanda ce qu'elle voulait comme récompense. Elle ne demanda qu'une chose : la permission d'épouser Abou-Djéghé. Le roi la lui accorda et on prépara la fête des noces de Fâtmè pour le lendemain. Elle se rendit chez le vieillard, lui fit des gentillesses pour qu'il lui pardonnât et l'acceptât comme épouse. Abou-Djéghé accepta, car il espérait de cette façon pouvoir venger la mort de ses quarante fils. Aussi, il se munit d'un couteau et d'une cuiller pour tuer Fâtmè le soir même de ses noces et boire son sang.

Fâtmè avait préparé une outre remplie de sirop qu'elle avait maquillée et habillée d'une robe de mariée et installée dans la chambre nuptiale, elle lui avait entouré le cou d'un fil de fer qu'elle avait glissé sous la porte de la réserve où elle s'était cachée. Lorsque le contrat de mariage fut signé, on fit entrer le nouvel époux dans la chambre nuptiale.

Abou-Djéghé s'assit près de la mariée et se mit à lui parler sous les regards des quarante princesses qui s'étaient cachées derrière la fenêtre. Il lui rappela ses méfaits du premier soir, lorsqu'elle l'avait descendu dans le puits; du deuxième soir, lorsqu'elle l'avait suspendu au plafond; du jour où elle lui avait dérobé les quarante pinces et finalement de la nuit où elle avait tué ses quarante fils. Puis il sortit son couteau, l'enfonça dans l'outre et se mit à boire quelques cuillers de sirop, il en fut écœuré et s'écria :

— O Fâtmè! Ton œuvre était douce, tu étais douce et ton sang aussi est doux! Je regrette de t'avoir tuée; aussi je vais me tuer moi-même!

Au moment où il tirait son couteau, Fâtmè sortit de sa cachette, s'avança vers lui, le prit dans ses bras et lui dit :

— Je suis là !

Les princesses rirent beaucoup; le roi offrit à Fâtmè une bonne récompense pour célébrer son mariage.

Conte n° 22

LE JARDIN DES ROSES ROUGES

(Meched I, 18 - AT 891)

Il était quelqu'un, il n'était personne.

Il y a bien longtemps, il y avait un roi qui régnait sur l'Iran. Il avait un fils qu'il aimait beaucoup, aussi il lui accordait tout ce qu'il désirait.

Un jour, un derviche vint à la cour du roi et il montra à son fils appelé le prince Touradj, le portrait d'une jolie jeune fille en disant :

— Ceci est le portrait de la fille du roi de Chine.

A la vue de son portrait, le prince devint amoureux de la princesse. Il donna beaucoup d'argent et de cadeaux au derviche. Pendant plusieurs jours, le prince ne put ni dormir ni manger; chaque jour, il devenait plus maigre. Comme le roi vit que son fils souffrait de son amour pour la fille du roi de Chine, il envoya son vizir en Chine avec une grande quantité de bijoux et de cadeaux précieux pour demander la princesse en mariage. Le roi de Chine accepta cette demande; comme il désirait que sa fille devienne, un jour, reine d'un grand pays, il l'envoya avec des cadeaux de valeur en Iran pour qu'elle se mariât dans ce pays.

Les cousines du prince Touradj étaient très méchantes et elles furent fort ennuyées que leur cousin voulût épouser la fille du roi de Chine. Lorsqu'elle arriva en Iran, elles dirent à Touradj que sa fiancée avait la lèpre sur le corps, mais le prince ne les crut pas. Pour prouver la vérité de leurs paroles, elles lui dirent :

— Nous allons conduire la mariée au hammam, va derrière la vitre du bain et observe; tu verras que nous n'avons pas menti.

Selon la coutume ancienne, avant le mariage, on conduisit la mariée au bain. On lui dit qu'on avait l'habitude pour rendre la peau plus belle, de se laver avec du lait caillé et on en renversa un pot sur la mariée.

Le prince Touradj pensa que les taches de lait caillé étaient des taches de lèpre; il prit violemment en horreur la mariée et il ne sut que faire. On avait préparé une grande fête dans la ville que l'on avait illuminée sept jours et sept nuits. Tout le peuple était joyeux et dansait. Tout le monde était étonné par la beauté de la mariée et on la contemplait avec admiration. Sauf le marié qui ne lui lançait pas le moindre regard. Puis la fête se termina. Le prince essaya de ne pas regarder son épouse et chaque nuit, il se bandait les yeux avec un mouchoir pendant son sommeil et disait :

— Ah mes yeux, ah mes yeux !

Il prit le prétexte d'avoir mal aux yeux pour ne pas regarder sa femme, car il avait une telle répulsion pour son épouse qu'il ne l'avait jamais regardée ; tôt, le matin, il sortait de son palais et n'y revenait que le soir.

La nourrice de la princesse qui était une femme instruite et sage, sentit que la conduite du prince était anormale. Elle se dit qu'à chaque chose, il y a une raison et qu'elle devait comprendre où le prince allait. Elle parla de cela à la princesse et elle envoya un esclave chinois suivre le prince. Lorsque l'esclave revint, il dit que le prince se rendait au jardin des roses blanches.

Lorsqu'elle entendit cela, la princesse de Chine s'arrangea, s'habilla de beaux vêtements blancs, monta un cheval blanc. Accompagnée de son esclave, elle alla au jardin et frappa à la porte. Le jardinier ouvrit et dit :

— Quel ordre avez-vous ?

La princesse répondit :

— Si tu m'en donnes la permission, comme je viens de loin, je vais me reposer un peu dans ce jardin et puis je continuerai mon chemin.

Le jardinier demanda la permission au prince et la jeune fille entra dans le jardin. Elle vit quelques jolies filles occupées à parler autour du prince. Lorsqu'elles virent la princesse, elles s'avancèrent vers elle et l'invitèrent. La princesse accepta et s'approcha du prince Touradj ; ils parlèrent beaucoup ensemble. Il lui demanda qui elle était et d'où elle venait. La jeune fille répondit qu'elle était venue avec son père en voyage dans ce pays. Comme son père était tombé malade, il n'avait pas pu l'accompagner et chaque jour, elle se promenait seule dans la ville. Le prince lui demanda de rester toute la journée avec eux et il ajouta que, si elle le désirait, elle pouvait chaque jour les accompagner dans d'autres beaux jardins qu'elle ne connaissait pas. La jeune fille répondit que, si son père le lui permettait, elle viendrait.

En retournant au palais, elle raconta à sa suivante tout cela et lui annonça que le lendemain, elles iraient au jardin des roses jaunes.

De nouveau, comme chaque soir, le prince Touradj, les yeux bandés, entra dans sa chambre en se plaignant d'avoir mal aux yeux. Puis le matin très tôt, il sortit du palais.

La princesse chinoise au bout de quelques heures se fit encore plus belle que le jour précédent ; elle se vêtit de beaux habits jaunes, elle monta un cheval jaune et elle alla au jardin des roses jaunes.

Le prince et les jolies filles l'attendaient. Pour l'arrivée de la jolie princesse, elles se mirent immédiatement à danser, à jouer et à nager pour que la soirée passât très agréablement pour tous.

Le prince Touradj était devenu amoureux de la belle jeune fille. Il souhaitait ne pas avoir de femme pour pouvoir l'épouser. Pour le jour suivant, il l'invita au jardin des roses rouges. A la tombée de la nuit, la princesse lui dit adieu et partit.

De nouveau, le prince, les yeux bandés, rentra au palais. Le lendemain, le prince s'éveilla tôt et sortit joyeusement du palais.

La princesse aussi était très heureuse, elle se vêtit d'une jolie robe rouge et elle se fit encore plus jolie que les autres jours. Elle monta un cheval rouge et elle alla au jardin des roses rouges.

C'était le plus joli jardin du pays. Le prince Touradj et les jeunes filles allèrent à la rencontre de la jolie princesse et la regardèrent avec étonnement. Le prince décida qu'il allait déclarer son amour à la jeune fille. Jusqu'à l'après-midi, ils furent très heureux. Quand ils burent du sirop, la jeune fille fit tomber son verre de telle façon qu'il se cassât et que sa main fût ensanglantée. Le prince fut très ennuyé et il entoura sa main avec son mouchoir. La princesse retourna plus tôt que les autres jours à son palais.

De nouveau comme chaque soir, le prince, les yeux bandés se coucha dans son lit et dit :

— Ah mes yeux, ah mes yeux !

La princesse dit aussi :

— Ah ma main, ah ma main ! Le jardin des roses blanches, le jardin des roses jaunes, le jardin des roses rouges ; ah ma main ! Le verre de cristal tomba de ma main, se cassa sur le sol, un mouchoir blanc fut enroulé autour de ma main... Ah ma main, ah ma main !

Lorsque le prince entendit ces paroles, il regarda sa femme en-dessous du mouchoir et la reconnut. Il découvrit ses yeux, prit sa jolie femme dans ses bras. Il s'excusa de sa conduite et ils vécurent heureux ensemble de longues années.

Conte n° 23

BARZANGUI

(Meched I, 37 - AT 898)

Autrefois, il était une femme qui était stérile et souhaitait un enfant. Elle réfléchit et prit un pot de sirop. Puis elle l'habilla de jolis vêtements et le mit derrière la fenêtre de sa chambre.

Par hasard, le fils du roi passa par là ; son regard tomba sur la jolie jeune fille qui se trouvait derrière la fenêtre. Il devint amoureux d'elle comme s'il avait eu cent cœurs au lieu d'un seul. Il alla demander au roi d'envoyer les femmes de son harem pour qu'elles fassent la demande en mariage.

Lorsqu'elles vinrent demander la main de la jeune fille et que sa mère fut informée de leur proposition, elle dit :

— Ma fille est fort timide, vous ne pouvez la regarder qu'une fois.

La mère souleva le rideau et elles virent la jeune fille qui leur plut. Le lendemain, elles lui apportèrent une bague et des vêtements.

Lorsque le prince voulut lui mettre l'anneau au doigt, la mère dit de nouveau :

— Selon notre coutume, nous mettons nous-même l'anneau au doigt de la jeune fille.

Aussi la mère prit elle-même l'anneau et cette fois encore, elle s'en tira.

On fit les préparatifs de la noce pour que la famille du marié accompagnât la jeune fille au hammam.

La mère de la jeune fille dit de nouveau :

— Selon notre coutume, notre fille ne peut pas aller au bain avec des étrangers; nous devons la conduire nous-même.

Elle prit le pot de sirop et le porta au hammam; comme elle le lavait, il tomba et se cassa.

Par un hasard du destin, une «Bârzangui» observait cette scène du toit du bain. Il y avait un certain temps qu'elle avait une arête de poisson fichée dans la gorge et elle en était ennuyée. Lorsqu'elle vit cette situation, elle se mit à rire et l'arête de poisson sortit brusquement de sa gorge.

La mère de la jeune fille était vexée d'avoir cassé le pot et elle pleurait. D'en haut, Bârzangui lui dit :

— Femme, dis-moi ce qui se passe.

La femme lui raconta toute son histoire. Bârzangui dit :

— Ne te fais pas de soucis, de même que tu m'as délivrée de cette arête de poisson, je vais aussi te sauver.

Elle se transforma en une belle jeune fille et dit :

— Maintenant, appelle les parentes du marié et demande qu'une personne vienne me laver.

La mère fut très heureuse, elle appela et dit :

— Oh là là, je suis fatiguée, je suis morte, je suis épuisée, que quelqu'un vienne la laver !

La famille du marié envoya une femme du bain et on lava la jeune fille. Bref, on pavoisa et on illumina la ville quarante jours et quarante nuits. Le mariage du prince avec cette jeune fille, qui était une fée, fut célébré.

La jeune femme eut trois enfants. Un jour que le prince était parti à la chasse, les enfants ennuyèrent beaucoup leur mère. Elle vit que l'aîné jouait avec le feu et elle dit :

— Feu, prends-le!

Le feu prit l'aîné.

Le deuxième jouait avec le balai et elle dit :

— Manche à balai, prends-le!

Le balai prit le deuxième.

Le troisième fut très diable et elle dit :

— Que le loup le dévore!

Le loup prit le troisième.

Lorsque le prince arriva il vit que ses enfants avaient disparu. Il dit :

— Où sont partis les enfants?

La mère répondit :

— Les enfants étaient très difficiles, je ne pouvais pas vivre avec eux; c'est moi que tu veux ou bien tu veux tes enfants?

Le prince dit :

— Va-t-en, va-t-en, je ne te veux plus, je veux mes enfants.

La jolie fée appela le feu, le manche à balai, le loup et dit :

— Ils ont ramené les enfants!

D'un seul coup, elle devint une fumée et s'envola dans le ciel.

Conte n° 24

LE MARCHAND ET SES TROIS FILS

(Meched IV, 97 - AT 949*)

Il était quelqu'un, il n'était personne.

Il était un négociant qui avait trois fils. Deux de ses fils avaient les yeux fixés sur les biens de leur père depuis leur enfance, mais le cadet se consacrait à étudier ses leçons et à apprendre les arts.

Par le hasard du destin, un jour que le négociant se rendait avec sa caravane d'une ville dans une autre, des voleurs les attaquèrent et tous furent prisonniers. Le négociant réussit à s'enfuir avec quelques personnes afin d'éviter de rester dans le piège des voleurs, mais ses trois fils furent emprisonnés. Ce jour-là, les brigands eurent beau chercher des caravanes, comme ils ne trouvèrent ni beaucoup d'argent ni des bijoux, ils abandonnèrent ce travail et décidèrent que le négociant devrait leur donner de l'argent pour reprendre ses fils et les libérer. Mais les voleurs voulaient beaucoup d'argent et il était impossible au négociant de payer la somme exigée. Il ne savait pas où ses enfants étaient emprisonnés; aussi il demanda au gouverneur de les retrouver.

Le brigands obligèrent les enfants du négociant à faire des travaux pénibles; les deux aînés durent bêcher pour creuser des puits et des fortifications, mais le cadet dit aux voleurs :

— Moi, je sais tresser des nattes.

A cette époque, les nattes étaient chères; aussi les brigands acceptèrent; ils lui préparèrent les matériaux et il tressa des nattes qu'il donna aux voleurs qui les vendirent. Mais les nattes étaient faites de telle sorte que le gouverneur puisse comprendre où les fils du marchand étaient emprisonnés. Le fils cadet avait inscrit d'une écriture spéciale où se trouvait l'endroit de leur prison et les acheteurs le lurent.

Un jour, le gouverneur informa le négociant que ses fils étaient retrouvés; il envoya quelques employés prendre les voleurs et ramener les fils du négociant. Grâce à l'indication que le cadet avait donnée ils purent donc s'emparer des voleurs et délivrer les fils du négociant.

Le négociant fut très heureux et il donna toute sa fortune à son cadet.

Conte nº 25

LES TROIS DERVICHES

(Meched I, 26 - AT 976A)

Trois derviches décidèrent de partir en voyage ensemble. L'un d'entre eux emporta avec lui une bague ornée d'un diamant alors que les deux autres n'emportaient rien. Le soir, ils se couchèrent sous un arbre. Le lendemain matin, en s'éveillant, le derviche s'aperçut que sa bague avait disparu; il accusa ses camarades en leur disant qu'eux seuls connaissaient l'existence de ce bijou et qu'en outre, personne n'était passé par ce désert au cours de la nuit. Il exigea qu'ils lui rendissent immédiatement la bague, mais les deux derviches nièrent ce vol. Ils se remirent en route et arrivèrent dans une ville. Le derviche volé alla se plaindre de ses deux camarades au roi. Ce dernier ordonna à son vizir de reprendre la bague aux deux derviches et le menaça de le pendre à la potence s'il ne réussissait pas. Le vizir demanda quarante jours de délai; mais il eut beau essayer par tous les moyens de leur faire avouer leur vol, il ne réussit pas. Il n'obtint donc pas qu'ils rendissent la bague.

Comme le délai obtenu était presque terminé, il fut très inquiet. Il avait une fille très perspicace et très sage; elle comprit que son père était tourmenté par un souci qu'il ne voulait pas lui confier; aussi lui dit-elle :

— Cher Père, depuis quelque temps, je vois que tu es soucieux, révèle-moi le secret de ton cœur.

Le père répondit :

— Ce n'est rien.

Car il ne voulait pas que sa fille se fît du souci. Mais comme elle insistait, il finit par avouer la vérité. Comme la fin du délai accordé par le Châh approchait, la jeune fille lui dit :

— Ce n'est pas difficile, je retrouverai moi-même la bague.

Immédiatement, elle se déguisa en derviche, participa à leurs réunions et se lia d'amitié avec eux. Un soir, elle dit à ses amis derviches :

— Que chacun de nous raconte une histoire à son tour !

Tous acceptèrent à condition qu'elle commençât.

La fille du vizir conta qu'il y avait bien longtemps, vivait un roi dont la fille était très belle. Cette princesse jouait quand elle était enfant avec le fils du jardinier. Un jour, ils firent un pari et prirent l'engagement que celui qui gagnerait pourrait demander à l'autre ce qui lui plairait. Le fils du jardinier gagna et demanda à la princesse de lui promettre que le soir de ses noces, elle viendrait le rejoindre en robe de mariée pour qu'il pût l'embrasser avant qu'elle se rendît dans la chambre nuptiale.

Les années passèrent jusqu'au jour du mariage de la princesse. Le soir de ses noces, elle se souvint soudain de sa promesse et la révéla à son époux qui lui permit de se rendre chez le fils du jardinier pour être fidèle à sa parole.

Alors la jeune mariée se mit en route. En chemin, elle rencontra un voleur qui voulut la dévaliser de ses vêtements et de ses bijoux. La jeune fille le supplia de lui permettre d'aller d'abord chez le fils du jardinier et elle lui promit de revenir à son retour. Le voleur accepta et la princesse se remit en route. Alors elle rencontra un lion qui voulut la dévorer. La princesse le supplia de ne pas la dévorer maintenant, mais de lui accorder un délai pour qu'elle puisse être fidèle à son serment. Le lion accepta d'attendre son retour.

La jeune fille arriva finalement devant la porte de la maison du jardinier, elle frappa et entra. Le fils du jardinier fut très étonné de voir la princesse, car il ne pensait pas qu'elle tiendrait sa promesse. Aussi, lorsqu'elle lui demanda s'il se souvenait encore de ce pari, il répondit que devant tant de fidélité à son serment, il ne voulait pas accepter son sacrifice et qu'il la laissait retourner auprès de son mari sans l'embrasser. La princesse reprit le chemin du retour. Lorsqu'elle arriva auprès du lion, celui-ci dormait ; elle le réveilla pour qu'il puisse la dévorer. Mais devant tant d'honnêteté, le lion refusa de la manger et lui permit de continuer sa route. La princesse, alors, arriva auprès du voleur ; celui-ci aussi s'était endormi. De même, elle le réveilla et lui proposa ses vêtements et ses bijoux. Le voleur, ému, devant le respect de sa promesse refusa les vêtements et les bijoux. La princesse, très heureuse, revint au palais et alla rejoindre son mari.

Le derviche demanda alors à ses camarades ce qu'ils auraient fait s'ils avaient été à la place du voleur, du lion, du jardinier et du mari.

Le premier derviche dit :

— Moi, si j'avais été le mari de la princesse, je n'aurais pas permis à ma femme d'aller rejoindre le fils du jardinier !

Le deuxième derviche dit :

— Moi, si j'avais été le jardinier, je n'aurais pas renoncé à la princesse !

Le troisième derviche dit :

— Moi, si j'avais été le voleur, dès le premier instant, je me serais emparé des vêtements et des bijoux de la princesse !

Alors, la fille du vizir saisit ce dernier derviche par le bras et lui ordonna de rendre immédiatement la bague volée au derviche. Elle prit le bijou et l'apporta à son père dont elle sauva la vie.

Conte n° 26

UN CORBEAU... QUARANTE CORBEAUX

(Meched IV, 98 - AT 1381D)

Une voisine, présente au moment de l'accouchement d'une femme, aperçut l'enfant et lorsqu'elle rentra chez elle, dit à son mari :

— Telle femme a accouché d'un enfant qui n'a pas l'apparence humaine, il ressemble à un corbeau !

Le lendemain matin, lorsque le mari se rendit à sa boutique, il rencontra, en chemin, un camarade ; après l'avoir salué et pris de ses nouvelles, il dit :

— Telle voisine a accouché d'un enfant qui n'est pas un être humain mais un corbeau !

Cet homme rencontra, en route, un ami ; il le tira sur le côté et lui soufflant dans l'oreille, lui murmura avec étonnement :

— La femme de tel homme a accouché hier soir de deux corbeaux au lieu d'un enfant.

La troisième personne, lorsqu'elle arriva à sa maison de commerce, appela son voisin et lui dit :

— J'ai une nouvelle de première source, c'est une nouveauté : la femme d'un tel a accouché, elle a donné trois corbeaux à son mari ! Ne le répète à personne !

La quatrième personne se mit à courir et immédiatement alla chez son frère qui tenait boutique quelques magasins plus bas ; elle raconta l'histoire mais y ajouta aussi un corbeau !

A midi, lorsque le frère rentra chez lui, il raconta l'histoire à sa femme en y ajoutant un corbeau pour qu'elle soit encore plus étonnée ; cela fit cinq corbeaux !

L'après-midi, la femme se rendit à une réunion religieuse ; son cœur ne put trouver la paix, car elle brûlait d'envie que le rowzè se terminât pour qu'elle pût répandre cette nouvelle reçue toute fraîche de première main! Finalement, lorsque le rowzè se termina elle réalisa son but mais elle ne se contenta pas d'ajouter un ou deux corbeaux; selon son caractère féminin, elle doubla le nombre des corbeaux et de cinq, elle en fit dix!

Bref, chacune des femmes, en rentrant chez elle, ajouta un corbeau!

Le lendemain matin, une femme frappa à la porte de sa voisine d'en face; après l'avoir saluée et demandé de ses nouvelles, elle lui dit :

— Connais-tu la nouvelle? Telle femme a accouché avant-hier soir de quarante corbeaux au lieu d'un enfant! On raconte qu'à minuit leurs croassements s'élevaient dans le ciel. Qui sommes-nous donc pour ignorer de telles aventures qui surviennent dans notre rue sans que nous en soyons informées? Comme notre sommeil est profond pour que nous n'ayons pas entendu les croassements de tant de corbeaux et qu'aucun d'entre nous n'ait été réveillé!

La femme qui avait été la première à répandre la nouvelle fut ennuyée et elle dit à sa voisine :

— Qui vous a dit que telle voisine avait accouché de quarante corbeaux? Moi-même, j'ai assisté à l'accouchement; l'enfant est débile et ressemble à un oiseau; c'est cela que j'ai dit à mon mari. Regardez comment les gens font d'un corbeau, quarante corbeaux!

Conte n° 27

L'HABITANT DU KHORASSAN ET CELUI D'ISPAHAN

(Meched I, 33 - AT 1525N + AT 1532 + 1654)

Il était un Khorâssâni qui voulait faire du commerce. Il remplit un sac de pelures d'oignon et il décida de se rendre à Ispahan pour y vendre sa marchandise.

Là-bas aussi, un Esfahâni remplit un sac de pelures d'ail pour l'apporter au Khorassan et le vendre. En chemin, tous deux se rencontrèrent. L'Esfahâni demanda au Machadi :

— Qu'as-tu dans ton sac?

Le Machadi répondit :

— Du safran que j'apporte à Ispahan pour le vendre.

Puis il demanda à l'Esfahâni :

— Et toi, qu'as-tu dans ton sac?

L'Esfahâni répondit :

— Quelques pièces de velours et de soie que j'apporte au Khorassan pour les vendre.

Le Khorâssâni dit :

— Viens, échangeons les sacs sans les ouvrir.

Ils firent tous deux l'échange. L'Esfahâni prit le chemin de sa ville et le Khorâssâni aussi se dirigea vers son pays.

Lorsque l'Esfahâni arriva à Ispahan, il se dit :

— Tant mieux si j'ai roulé le Khorâssâni en lui vendant quelques pelures d'ail et en lui prenant un sac de safran !

Le Khorâssâni eut aussi la même pensée.

Finalement, l'Esfahâni ouvrit le sac et vit qu'il ne s'y trouvait que des pelures d'oignon. Il se dit :

— J'ai donné des pelures d'ail et j'ai reçu des pelures d'oignon !

Mais il se souvint qu'il avait laissé dans son sac son aiguille et il trouva qu'il était loin d'être sage de se laisser rouler par un Khorâssâni ! Alors il fit ses bagages et partit au Khorâssân pour reprendre son aiguille.

Il arriva devant la porte du Khorâssâni qui le reçut les bras ouverts, lui témoigna tant de politesse qu'il fut gêné de parler de son aiguille. Ils allèrent ensemble se promener dans les avenues de Meched et ils virent une grande foule suivre un cercueil. Un homme qui avait déchiré sa chemise et qui pleurait marchait devant. Ils s'enquirent autour d'eux et apprirent que le mort était un riche marchand. Ils ouvrirent tous deux le col de leur chemise et se mirent à courir devant le cercueil auprès des fils du défunt ; ils se frappèrent la tête et le visage.

Finalement, ils enterrèrent le mort avec celui qui conduisait l'enterrement et rentrèrent chez lui. Ils participèrent au deuil pendant trois jours ; à tous ceux qui leur demandaient qui ils étaient, quels étaient leurs liens avec le défunt, ils répondirent qu'ils étaient ses frères ; qu'ils vivaient aux Indes d'où ils lui envoyaient des marchandises car ils étaient associés.

A la fin des cérémonies de deuil, le fils de Hâdji leur dit :

— Retournez chez vous.

Ils répondirent qu'ils étaient venus partager la somme que leur frère leur devait et que par conséquent, ils devaient recevoir la moitié de ses biens.

Le fils nia et dit :

— Vous n'avez aucun lien familial avec mon père, car, pendant toute sa vie, il n'a pas une seule fois parlé de vous.

Ils dirent :

— Ne laissez pas le défunt endetté. Allez le questionner vous-même !

Le fils accepta donc et il fut convenu que le lendemain, on irait en présence des personnalités du quartier, sur la tombe du Hâdji défunt pour le questionner.

A minuit, l'Esfahâni ouvrit la tombe et s'y cacha ; le Khorâssâni versa de la terre sur lui et y mit un roseau qui sortait de terre pour qu'il pût respirer.

Le lendemain matin, le fils du Hâdji et les personnalités de la famille, allèrent sur la tombe. Le fils s'avança et dit :

— Bonjour, Père.

Une voix répondit de l'intérieur de la tombe :

— Bonjour, mon bon fils.

Ensuite le fils demanda :

— Est-ce que vous avez une dette envers eux.

On répondit :

— Oui, la moitié de mes biens leur appartient.

Le Khorâssâni courut en avant et serra la tombe de son frère dans ses bras. Ensuite il alla à la maison et prit au fils du Hâdji la moitié des biens de son père.

Il laissa l'Esfahâni ainsi dans la tombe; il rentra chez lui et annonça à sa femme qu'il allait faire le mort; que si son camarade venait, elle lui dise qu'il était décédé.

Avec peine, l'Esfahâni se sortit lui-même de la tombe et se rendit en hâte à la maison du défunt. Le fils du Hâdji lui dit qu'il avait donné sa part à son frère. Immédiatement, il alla chez le Khorâssâni. Sa femme lui annonça avec des cris et des pleurs que son frère était mort. Lorsqu'il comprit ce que cette nouvelle cachait, il déclara qu'il allait laver le corps de son frère et l'enterrer. Sans attendre, il mit un chaudron d'eau chauffer sur le foyer après avoir allumé le feu dessous.

Lorsque l'eau se mit à bouillir, il mit le Khorâssâni sur un lit de planches et versa au moyen d'un bol, de l'eau bouillante sur son corps. Celui-ci resta silencieux et simula la mort. Puis il l'enveloppa dans un linceul et le porta au lavoir des morts afin de l'enterrer le lendemain matin. Pendant la nuit, il dormit sous son cercueil pour lui saisir le poignet s'il bougeait. A minuit, quelques brigands qui avaient volé des marchandises vinrent dans le lavoir afin de partager leur butin. Tous les biens furent partagés sauf une épée d'or qui resta. L'un des voleurs dit :

— Cette épée appartiendra à celui qui coupera d'un seul coup ce mort et son cercueil en deux.

Un voleur se proposa. Mais quand il leva l'épée pour l'abattre sur le cercueil, le Khorâssâni qui avait entendu leurs paroles, fut effrayé et se leva. L'Esfahâni aussi sortit d'en-dessous. Les voleurs crurent que les morts étaient ressuscités; ils eurent très peur et s'enfuirent. L'Esfahâni et le Khorâssâni se partagèrent les biens des voleurs. Lorsque ce fut terminé, l'Esfahâni dit :

— Eh bien, mon frère, maintenant rends-moi mon aiguille pour que je puisse retourner dans ma ville.

Entre-temps, un des voleurs était revenu pour s'assurer si ce qu'ils avaient vu au sujet des morts était réel ou imaginaire. Il passa sa tête par un trou du mur du lavoir des morts pour regarder. Le Khorâssâni enleva immédiatement le bonnet de la tête du voleur et le donna à l'Esfahâni en disant :

— Prends ce bonnet à la place de ton aiguille !

Le voleur fut si effrayé qu'il s'enfuit. Il dit à ses camarades de fuir car les morts étaient si nombreux que chacun n'avait reçu en partage qu'une aiguille et même qu'il en manquait une et qu'on avait donné son bonnet à la place !

Les voleurs s'enfuirent et les deux marchands rentrèrent chacun chez soi.

Notre histoire aussi est terminée, mais le corbeau n'est pas rentré chez lui.

Conte n° 28

LE PETIT AHMAD

(Meched I, 2 - AT 1535 + AT 1537)

A l'époque de Nâsser-od-din Châh Ghâdjâr, il était une femme de la ville de Sabzevâr qui avait trois fils appelés Hassanak, Hosseinak et Ahmadak.

Un jour, elle acheta pour trois sous de pois grillés qu'elle donna à Hassanak en lui disant :

— Prends-les et verse-les dans ta poche; suis-moi et devant chaque boutique devant laquelle nous passerons, mange un de ces pois. Préviens-moi et indique-moi la boutique devant laquelle ce sera fini.

Hassanak fit ainsi jusqu'à ce qu'ils fussent arrivés devant la boutique d'un cordonnier et que tous les pois fussent mangés. Il prévint sa mère. Celle-ci l'amena chez le cordonnier et dit :

— Hé Bonhomme, j'ai amené mon fils chez toi pour que tu lui apprennes le métier de cordonnier. Sa chair t'appartient, mais ses os sont à moi.

Le cordonnier répondit :

— Très bien.

La mère partit et le cordonnier dit à Hassanak :

— Prends la pierre qui se trouve devant toi et couds-la comme une semelle de chaussure.

Hassanak répondit :

— Une pierre ne peut pas être cousue.

Le cordonnier dit :

— Va donc derrière la boutique pour que je t'apprenne.

Hassanak alla derrière la boutique; le cordonnier le tua et mangea sa chair; il mit ses os dans un sac.

Le soir vint et le cordonnier vit la mère qui venait le trouver, car Hassanak n'était pas revenu; elle demanda de ses nouvelles.

Le cordonnier dit :

— Tu as dit : sa chair est pour toi et ses os pour moi. Je l'ai tué, j'ai mangé sa chair et j'ai mis ses os ensemble dans un sac.

La femme prit le sac et en pleurant rentra chez elle.

Par hasard, quelques jours plus tard, Hosseinak subit aussi le même sort que son frère aîné. Jusqu'à ce que ce fut le tour d'Ahmadak. Mais lui, il prit l'argent de sa mère; au lieu de manger des pois grillés, il acheta un œuf et dit à sa mère :

— Conduis-moi chez ce cordonnier pour que je venge mes frères.

La mère le conduisit chez le cordonnier et elle revint.

De nouveau, le cordonnier dit à Ahmadak :

— Prends cette pierre et couds-la.

Immédiatement, Ahmadak tira l'œuf de sa poche et dit :

— Maître, voulez-vous aussi s'il vous plaît faire du fil avec cet œuf afin que je couse cette pierre !

Le cordonnier qui vit qu'Ahmadak était un garçon intelligent se retint de le tuer et il le garda auprès de lui.

Un jour, il l'envoya chez lui avec de la viande pour qu'il dît à sa femme de faire du gheimè pour le soir; il lui dit de l'aider et il ajouta :

— Que la porte de la maison soit sur ton dos et la clé dans ton poing.

Ahmadak répondit :

— Très bien.

Il alla à la maison du cordonnier, donna la viande à sa femme, lui transmis les recommandations; ensuite il courut à la porte, l'arracha, la mit sur son dos, prit la clé dans sa main et se mit à courir autour de la cour.

La femme du cordonnier demanda :

— Pourquoi fais-tu cela ?

Ahmadak répondit :

— Parce que le maître a dit : «Mets la porte de la maison sur ton dos et la clé dans ton poing».

La femme dit :

— Son but était que tu prennes soin de la maison et non que tu fasses cela.

Mais Ahmadak n'était pas convaincu et il continua ainsi jusqu'à ce que ses yeux tombèrent sur un corbeau qui marchait dans le jardin. Il mit la porte et la clé à leurs places; ensuite il prit le corbeau et se mit à jouer. Alors, il sentit l'odeur du polow-gheimè et du halvâ; il se dirigea vers la cuisine, mais comme il vit que la porte était fermée, il monta sur le toit; il regarda dans la cuisine par un trou et il entendit la femme du cordonnier qui se disait à elle-même :

— Ces mets sont pour mon amant; ce soir, le cordonnier et Ahmadak mangeront du pain sec.

Ahmadak ne dit rien et il descendit du toit. Le soir, lorsque le cordonnier revint et voulut dîner, sa femme lui dit :

— Le chat a mangé la viande, nous n'avons que du pain sec.

Ensuite, elle apporta un peu de pain devant Ahmadak et son mari. Puis elle sortit de la pièce. Le cordonnier se mit à manger son pain sec et Ahmadak aussi; celui-ci prit le corbeau sous son bras et le serra fort; comme le corbeau croassait, Ahmadak lui dit :

— Tais-toi.

Le cordonnier demanda :

— Que dit le corbeau?

Ahmadak répondit :

— Il dit : Pourquoi mangez-vous du pain sec? Dans la cuisine, il y a des mets variés, mangez-les.

Le cordonnier alla dans la cuisine et vit qu'Ahmadak avait dit la vérité. Ils apportèrent les plats et les mangèrent. La femme vit donc qu'il ne restait rien pour son amant quand il viendrait à minuit. Elle mit une certaine quantité de farine, de riz et d'huile dans la cuisine pour préparer du halvâ et le lui donner. Ahmadak vit cela, mais il ne dit rien.

Au moment d'aller dormir, Ahmadak se coucha devant la porte de la maison. Une heure plus tard, la femme du cordonnier ouvrit doucement la porte de la maison et puis de nouveau retourna se coucher à sa place. A minuit, un homme entra dans la cour, il vint au-dessus de la tête d'Ahmadak, en imaginant que c'était sa maîtresse qui dormait là. Il l'éveilla mais Ahmadak qui ne dormait pas, mit sa tête sous l'édredon et lui dit tout bas :

— Ahmadak et le cordonnier ont mangé les plats; il ne reste rien pour toi. Maintenant, va dans l'étable pour que je te prépare du halvâ et que je te l'apporte. Aussi l'homme alla dans l'étable et il s'allongea dans une mangeoire. Ahmadak se leva doucement et alla à la cuisine; il fit chauffer l'huile, l'apporta dans l'étable et dit :

— Amant, Amant, ouvre ta bouche!

Le malheureux ouvrit donc la bouche en pensant que c'était du halvâ. Ahmadak lui versa l'huile bouillante dans la bouche et il mourut. Puis Ahmadak retourna se coucher à sa place. Le matin, lorsque le cordonnier voulut se rendre à sa boutique, sa femme alla à l'étable pour lui amener l'âne.

Soudain, elle aperçut le cadavre de son amant, mais elle ne dit rien. Elle sortit l'âne et l'amena à son mari qui partit.

Ensuite, la femme s'écria :

— Que faire? Si mon mari comprend, il me tuera.

Ahmadak dit :

— Donne-moi une certaine somme d'argent pour que je le sorte d'ici et que je l'enterre afin que personne ne comprenne.

La femme lui donna une somme; Ahmadak enveloppa le corps dans un tissu et le porta chez sa mère. Il conta l'aventure, lui donna l'argent et il mit le cadavre sur un âne de façon à ce que l'on ne vît pas que l'homme était mort; il se mit en route vers les champs qui se trouvaient à l'extérieur de la ville. Lorsqu'il arriva dans un champ, l'âne y entra et lui se cacha dans un coin. L'âne se mit à manger l'herbe; le propriétaire du champ qui l'avait vu de loin, en croyant que cet homme avait intentionnellement amené son âne dans le champ, lui cria :

— Emmène ton âne en dehors.

Mais comme il vit que l'homme ne faisait pas attention; il·prit une pierre et la lui lança à la tête. De telle sorte que l'homme tomba de l'âne et roula par terre.

Ahmadak qui attendait cet instant, sauta immédiatement hors de sa cachette et dit :

— Pourquoi as-tu tué mon père? Dépêche-toi, allons chez le gouverneur!

L'homme répondit :

— Si tu ne me conduis pas chez le gouverneur, je te donnerai cent tomans.

Ahmadak prit ces cent tomans et enterra le corps à cet endroit. Puis il rentra chez le cordonnier.

Depuis ce jour, il menaçait régulièrement la femme de dire la vérité à son mari pour qu'elle lui donnât de l'argent. Elle était obligée de le faire et Ahmadak l'apportait à sa mère.

Finalement, la femme du cordonnier fut lassée et elle persuada son mari d'aller dans une autre ville. Un jour, ils rassemblèrent toutes les affaires de leur maison pour partir sans prévenir Ahmadak, mais celui-ci se cacha dans un coffre. Lorsqu'ils voulurent le charger sur l'âne, il remarquèrent qu'il était très lourd, mais ils ne comprirent pas. En chemin, Ahmadak eut envie d'uriner et comme il ne pouvait pas sortir du coffre, il fut obligé de se soulager là. Le cordonnier et sa femme croyant que la bouteille d'eau de rose s'était renversée, mirent leurs mains sous l'urine d'Ahmadak; ensuite ils la frictionnèrent sur leurs têtes et leurs visages!

Le soir, ils arrivèrent près d'une rivière et ils s'arrêtèrent là jusqu'au matin. A minuit, le cordonnier alla au bord de la rivière et il pencha la tête pour boire de l'eau. Ahmadak sortit doucement du coffre; il le poussa dans la rivière, le courant emporta son corps et Ahmadak alla dormir près de la femme du cordonnier. Le matin elle s'éveilla et vit le garçon endormi près d'elle. Elle l'éveilla et lui demanda ce qui s'était passé. Alors elle comprit qu'Ahmadak avait fait toutes ces choses pour se venger. Dès ce moment, Ahmadak se mit à travailler et il ne resta pas une minute inactif.

Conte n° **29**

LES SEPT AVEUGLES

(Meched I, 20 - AT 1577* AT 1536B)

Il n'était quelqu'un, il n'était personne, à part Dieu, il n'y avait personne.

Il y avait à Ispahan sept frères qui étaient aveugles de naissance et qui vivaient de mendicité. Tôt le matin, les sept frères aveugles sortaient de leur maison; se donnaient la main et en marchant l'un derrière l'autre, parcouraient les rues et le bazar. Les gens d'Ispahan les connaissaient bien; ils les aidaient, leur donnaient de l'argent et à l'heure de midi, ils leur distribuaient un repas. Ensuite les aveugles continuaient à faire leur métier; après avoir dîné, ils partageaient l'argent qu'ils avaient récolté. Ces sept aveugles infirmes n'avaient ni femmes ni enfants; ils vivaient seuls. Parfois chacun des aveugles mettait ses pièces d'or dans un sac; ensuite tout en restant assis, il le lançait en l'air et le rattrapait; il jouait ainsi avec son argent et y prenait plaisir.

Cela dura de cette façon jusqu'au jour où un homme voulut se mêler de leurs affaires afin de voir ce qu'ils faisaient de leur argent et où ils le cachaient. Un jour, il les suivit jusqu'à la porte de leur maison et pendant qu'elle était ouverte, il entra en même temps qu'eux. Il se tint dans un coin de leur grande pièce afin d'observer leurs faits et gestes. Finalement, après avoir pris leur repas, vint le moment de jouer avec l'argent. Selon son habitude, chacun des sept frères lançait son sac d'argent et le rattrapait. L'homme qui voyait entra dans le cercle et attrapa le premier sac d'argent qui fut lancé en l'air.

L'aveugle propriétaire du sac s'aperçut qu'il ne redescendait pas et ne revenait pas dans ses mains et dit à haute voix :

— Mes enfants, mon argent est parti et n'est pas revenu; mon argent est parti et n'est pas revenu!

Le deuxième aveugle qui avait aussi perdu son sac d'argent de la même façon, éleva la même plainte. Le frère aîné comprit ce qui se passait et dit :

— Chers frères, on dirait qu'une personne qui voit est entrée dans notre maison et s'empare de nos sacs quand ils sont en l'air. Maintenant, je vais inventer un moyen pour attraper cette personne; un à un je dirai votre nom et chacun à votre tour, vous sortirez de la chambre; lorsque vous serez tous sortis, nous attraperons l'homme qui voit. Puis il commença à les appeler, mais lorsqu'il prononça le premier nom, l'homme qui voyait prit en hâte la place du premier aveugle qui portait ce nom et sortit. Lorsque l'aveugle qui portait ce nom voulut sortir, le frère aîné lui dit :

— Qui es-tu et où vas-tu?

Mais le frère répondit :

— Je suis votre frère, ne me confondez pas avec un étranger !

D'abord on ne le crut pas, mais finalement on reconnut qu'il avait raison.

Ce fut de cette manière que l'homme qui voyait s'enfuit en emportant une partie de leur argent. Ensuite, il fit le projet d'empoisonner ces pauvres aveugles pour s'emparer du reste de l'argent. Le jour suivant, il remplit un grand plat de nourriture et y versa une quantité suffisante de poison. Il se rendit à la maison des aveugles, il frappa à la porte. Un des frères alla derrière la porte et demanda :

— Qui frappe à la porte ?

L'homme qui voyait répondit :

— Je vous ai apporté un peu de nourriture.

L'un des aveugles ouvrit la porte, prit le plat de nourriture, referma la porte, apporta le plat dans la chambre et raconta ce qui s'était passé. Les frères aveugles furent contents et se mirent à manger. Une heure plus tard, le poison agit et mit fin à la vie des malheureux qui, un à un, tombèrent dans un coin et expirèrent. Vers la soirée, l'homme qui voyait entra dans la maison, vit que les frères étaient morts, ramassa leur argent et sortit. Ensuite il imagina un plan pour les enterrer.

Il alla trouver un fossoyeur du cimetière et lui dit :

— Il y a chez moi un cadavre que je voudrais que vous enterriez. Comme il est possible que ce corps se lève, sorte de la tombe et revienne à la maison, je vous paierai le triple du salaire pour que vous fassiez soigneusement le travail.

L'employé du cimetière fut content et accepta de faire ce travail. Après avoir enterré le premier corps, il revint pour toucher son salaire. L'homme qui voyait lui dit :

— Il me semble que tu n'as pas mis assez de terre sur ce cadavre car il est immédiatement revenu.

Le fossoyeur fut étonné et il porta le deuxième corps au cimetière pour l'enterrer. Mais lorsqu'il revint pour toucher son salaire, complètement ahuri, il vit de nouveau que le cadavre était revenu ! Bref, les sept corps furent enterrés et ainsi se termina l'histoire de la vie des sept aveugles.

Conte n° 30

LE TUEUR DE LION

(Meched I, 21 - AT 1651)

Autrefois, il était un vieillard pauvre qui vivait toujours dans la misère, car aucun de ses travaux ne lui apportait la richesse. De tous les biens du monde, il ne possédait qu'un chat appelé Chir-Afkan. Un jour, parmi les jours, il le mit dans un sac sur son dos, sortit de la ville pour aller suivre son destin. Il marcha et marcha, traversa des villes et des pays jusqu'à ce qu'il arrivât dans une ville au moment du coucher du soleil. En se promenant, il arriva devant la porte d'une maison dans laquelle quelques personnes entraient. Le vieillard se joignit à elles. Le maître de maison se tenait près de la porte et faisait des compliments à ses invités. Ceux-ci entrèrent dans une grande pièce et dans un coin, ils prirent des baguettes qu'ils déposèrent près d'eux en s'asseyant. Le vieillard aussi s'assit dans un coin. Il se demanda si une dispute ou une bataille allait se dérouler ici; étonné et ahuri, il restait donc assis dans un coin lorsque le maître de maison entra dans la pièce. Après avoir souhaité la bienvenue à ses hôtes avec les politesses d'usage, on apporta la nappe que l'on étendit sur le sol et que l'on garnit pour le repas. Lorsqu'on apporta les plats dans la pièce, l'odeur de la nourriture entra dans la bouche de Chir-Afkan qui se mit à sauter dans le sac. On garnit la nappe avec les plats apportés, mais avant que les invités ne commencent à manger, des rats grands et petits sortirent des trous des murs, du sol, des coins et des côtés de la pièce et ils assiégèrent les plats. Les invités, avec un parfait sang-froid et sans étonnement, prirent chacun la baguette qui était à côté de lui; d'une main ils mangeaient et de l'autre ils frappaient le rat. Lorsque le vieillard vit une telle situation, il ouvrit doucement le haut de son sac; Chir-Afkan sauta, en hâte, au milieu de la nappe pour manger. Dès qu'il vit les rats, il les attaqua avec ses dents et ses griffes acérées. Il en tua plusieurs, en blessa d'autres et ceux qui restaient s'enfuirent.

Pendant que Chir-Afkan était occupé à se battre avec les rats, les invités s'enfuirent aussi et chacun se cacha dans un coin, car jusqu'à ce jour, ils n'avaient jamais vu d'animal semblable (dans cette région, les chats étaient inconnus).

Le vieillard fut étonné de voir les invités s'enfuir. De sa cachette, le maître de maison lui cria :

— O Vieillard, attrape cet animal pour que les invités puissent revenir.

Le vieillard prit le chat et le mit dans son sac dont il ferma l'ouverture.

Les invités revinrent et s'assirent autour de la nappe; ils mangèrent à l'aise et tous demandèrent au vieillard quel était cet animal si féroce et si beau. Le vieillard avait de l'expérience, aussi il parla ainsi aux gens de cette région qui jusqu'à présent n'avaient jamais vu de chat :

— Le nom de cet animal est Chir-Afkan; les plus féroces des animaux ne peuvent lui résister. Ce Chir-Afkan est l'animal le plus fidèle et le meilleur ami de l'homme.

Il fit, autant qu'il put, l'éloge de Chir-Afkan.

Après avoir dîné, les invités se levèrent, dirent au revoir au maître de maison et partirent. Tous les hôtes racontèrent à tous les amis qu'ils rencontrèrent la conduite de Chir-Afkan. Cette nouvelle arriva aux oreilles du gouverneur de la ville qui ordonna de lui amener le vieillard. Comme Chir-Afkan plut au gouverneur, il l'acheta au vieillard et l'attacha avec une corde à un arbre de son jardin. La femme et les enfants du gouverneur s'assemblèrent autour de Chir-Afkan pour l'observer et se mirent à le contempler. Pour mieux le regarder, ils s'approchèrent de lui; cela déplut à Chir-Afkan qui bondit pour les mettre en fuite; il tomba sur le fils du gouverneur; de peur, le petit garçon s'évanouit et immédiatement mourut.

Très furieux d'avoir perdu son fils, le gouverneur donna l'ordre de jeter Chir-Afkan à la mer. Pour cette exécution, un preux et quelques soldats furent chargés de la mission. Ils mirent le chat dans un sac. Le preux sauta en selle et posa le sac contenant Chir-Afkan devant lui. Tous les soldats aussi enfourchèrent leurs chevaux; ils se dirigèrent vers un rocher qui surplombait la mer. Les soldats s'arrêtèrent à cinquante mètres de l'eau; le preux s'avança jusqu'au bord du rocher; ouvrit le sac, saisit le fond dans la main et le retourna afin de jeter Chir-Afkan dans la mer. Lorsque le chat vit l'eau, il sauta et s'agrippa au bord de la selle avec ses pattes. Ayant peur du chat, le preux perdit la tête et tomba du haut en bas du rocher. Le cheval qui sentait une situation anormale, rua en se cabrant. Tout en portant Chir-Afkan sur son dos, il retourna en arrière. Les soldats qui se trouvaient à cinquante mètres de là, observèrent cette scène et virent que le chat avait jeté le preux à la mer; ils eurent peur que ce ne fût peut-être maintenant leur tour, pour cette raison ils dirent :

— Camarades, fuyez, car Chir-Afkan arrive!

Les soldats fuirent donc de peur du chat. Mais plus ils allaient vite plus Chir-Afkan qui chevauchait un cheval rapide comme l'éclair, les poursuivait. Aussi ils forcèrent encore l'allure jusqu'au moment où ils arrivèrent à la ville. Dès leur arrivée dans la cour du château, les soldats mirent pied à terre et entrèrent immédiatement dans le château du gouverneur. Leurs chevaux se mirent à se battre dans la cour; Chir-Afkan monté sur son cheval arriva à ce moment et son cheval sauta au milieu des autres chevaux et se cabra.

Un des soldat rapporta au gouverneur le récit de la mort du preux tué par Chir-Afkan. Le gouverneur ordonna de séparer les chevaux et de s'emparer de Chir-Afkan, mais personne n'osa s'approcher de lui. Lorsque le gouverneur vit cela, il fit appeler le vieillard auquel il proposa la somme d'argent qu'il désirait pour qu'il prît son chat et quittât la ville.

Le vieillard reçut beaucoup d'or et d'argent, reprit son chat qu'il mit dans son sac et retourna dans sa ville où il vécut dans l'aisance.

Conte n° 31

LA VILLE DES PIERRES

(Meched IV, 103)

Il était quelqu'un, il n'était personne, à part Dieu, il n'y avait personne. Il était une ville que l'on appelait la ville des pierres. Mais pourquoi l'avait-on appelée ainsi?

L'histoire se déroula de cette façon :

Un div avait installé sa maison dans une caverne; chaque jour, il se gonflait d'air et emportait un enfant de sept ou huit ans de la ville qui était située à deux ou trois farsakh de sa caverne. Il l'amenait chez lui et le dévorait.

Durant des années le div fit cela et les habitants de la ville eurent beau faire tout ce qu'ils purent, ils n'arrivèrent pas à l'en empêcher. Ils voyaient sous leurs yeux, le div emporter dans la caverne de la montagne leurs chers enfants et ensuite ils n'avaient plus de nouvelles d'eux. Chaque fois qu'un enfant était perdu, sa mère, son père et quelques jeunes gens de l'endroit s'en allaient vers la montagne avec des bâtons, des gourdins, des épées et des arcs. Ils y montaient pour tuer le div lorsqu'il sortirait de sa caverne. Mais ce div était un magicien qui voyait immédiatement les gens qui voulaient l'attaquer et il les changeait en statues de pierre. Tant de gens étaient venus pour tuer le div que le flanc de la montagne était rempli de statues de pierre; aussi, personne n'avait plus le courage d'aller tuer le div. C'est pour cette raison qu'on avait appelé cet endroit la ville des pierres. Dans cette ville, des milliers de mères, de pères, de frères et de sœurs étaient partis délivrer des petits enfants; ils avaient été pétrifiés et cela avait créé un paysage triste. Tous les gens avaient été raconter ces événements au gouverneur de la ville, mais ce dernier n'avait prêté nulle attention à leurs paroles et n'avait pas envoyé ses soldats combattre le div. Aussi régulièrement, chaque jour, le div continuait à emporter un enfant. Les gens se lassèrent; le gouverneur donc n'eut plus de nouvelles de la douleur du peuple jusqu'au jour où le div vola son propre enfant. Bouleversé, il envoya tous ses soldats à la montagne pour tuer le div et délivrer son enfant; lui-même, il suivit son armée. Comme tout le monde, les soldats et le gouverneur furent pétrifiés. Le peuple se réjouit de voir que le gouverneur qui avait été indifférent au malheur des autres était frappé du même mal. Mais ils cherchaient continuellement une solution, car le div remplissait leurs cœurs de douleur. Les derniers jours, personne ne sortit de chez soi, tous réfléchissaient chez eux, mais il fallait que les gens aillent à leurs boutiques, fassent des affaires et gagnent leur vie, car ils ne pouvaient rester passifs. Finalement un jeune homme de quinze ans se présenta pour aller tuer le div tout seul, mais à la condition que les habitants de la ville acceptassent qu'il se mariât avec la plus jolie fille et devînt gouverneur s'il était victorieux. Le peuple accepta et le jeune homme qui s'appelait Khadang emporta avec lui une poignée de sel, une poignée d'aiguilles et une certaine quantité de pétrole et il dit :

— Allez dans vos maisons.

Lorsque tous y furent cachés, il se promena tout seul dans les rues. Tout à coup, le div affamé apparut devant lui.

Sans peur, il lui sourit et dit :

— Nous savions qu'aujourd'hui, ce serait mon tour d'être mangé ; je suis prêt, allons, partons !

Le div le mit sur son dos, se dépêcha et alla dans la caverne de la montagne. Tous les gens attendaient pour voir ce que Khadang allait faire et ils comptaient les minutes.

Lorsqu'il avait fait ce projet, tous avaient ri et s'étaient moqués de lui, aussi ils n'espéraient pas son retour.

Mais, lorsque Khadang arriva dans la caverne, il dit au div :

— Puisque tu veux me manger, je te demanderai de m'accorder ce que je veux pour que je n'aie pas mal quand tu enfonceras tes dents dans ma chair.

Le div accepta et Khadang dit :

— Ouvre donc ta bouche pour que j'aiguise tes dents afin que tu me manges plus facilement.

Le div ouvrit la bouche ; à ce moment, Khadang y jeta une poignée d'aiguilles. Lorsque le div serra les dents, les aiguilles s'enfoncèrent dans sa bouche et il eut mal. Sans attendre, Khadang lui lança le sel dans les yeux. Le div poussa un hurlement, se frotta les yeux et poursuivit Khadang. Ce dernier profita de l'occasion, il versa le pétrole sur le div et l'enflamma. Au bout de quelques minutes, le div était réduit en cendres. Quand Khadang voulut sortir de la caverne, ses yeux tombèrent tout à coup sur un gros diamant, il le prit et sortit. Quand il descendit de la montagne et traversa le parc des hommes pétrifiés, il tenait à la main et contemplait le diamant qui brillait à la lumière du soleil. Chaque fois que sa lumière touchait une personne pétrifiée, elle reprenait sa forme première. Khadang comprit vite cela et grâce à la lumière du diamant il leur fit reprendre à tous leur forme humaine, sauf au gouverneur cruel qu'il ressuscita jusqu'à la taille, mais dont il laissa les jambes pétrifiées. Les gens, qui étaient redevenus comme avant, portèrent Khadang dans leurs bras ; heureux et souriants, ils le ramenèrent en ville. Devant ses pieds, ils sacrifièrent des milliers de bœufs et de moutons ; ils lui donnèrent comme femme la plus jolie fille de la ville et le nommèrent gouverneur.

Khadang gouverna avec justice pendant de longues années, mais le gouverneur cruel souffrit pendant des années.

Notre histoire est terminée, mais le corbeau n'est pas rentré chez lui.

Conte n° 32

ADJIL-E MOCHKEL-GOCHA

(Meched I, 36)

Autrefois, il y avait un arracheur de broussailles qui allait chaque jour au désert, faisait trois bouquets d'épines qu'il vendait pour trois abbassis. Comme trois abbassis ne suffisaient pas à ses dépenses journalières, il fit la promesse que si Dieu changeait ces trois abbasis en six abbassis, il distribuerait en aumône pour un abbassi de pois chiches et de raisins secs pour suivre la voie de Dieu.

Un jour, parmi les jours, un homme de haut rang traversa le désert et l'appela en lui disant :

— Aujourd'hui va faire paître mes chameaux.

L'arracheur de broussailles fit donc paître les chameaux; le soir, quand il revint, il les ramena au même endroit et l'homme lui dit :

— Remplis ton sac de ces pierres, porte-le chez toi et vide-le dans un coin de ta cuisine.

Le jour suivant aussi, il emmena les chameaux paître; le soir, lorsqu'il revint, l'homme le conduisit de nouveau au même endroit que la veille et lui dit :

— Remplis ton sac de ces pierres, porte-le chez toi et vide-le dans un coin de ta cuisine.

Bref, le troisième jour aussi, après être revenu du désert, il remplit son sac au même endroit avec des pierres et les rapporta chez lui. Puisque, pendant ces trois jours, il n'avait pas reçu d'argent de la vente de broussailles, chacun de ces trois soirs, ses enfants allèrent dormir en ayant faim.

Le quatrième soir, leur voisine vint dans leur maison et dit :

— Donnez-moi un peu de feu.

Ils répondirent :

— Il y a trois soirs que nous nous couchons en ayant faim; nous n'avons absolument pas allumé de feu !

La voisine dit :

— Pourquoi mentez-vous? Puisque vous avez fait du feu dans votre maison et que la lueur se voyait de l'extérieur !

L'arracheur de broussailles dit à sa femme :

— D'après la description qu'elle fait, va voir ce qui se passe dans la cuisine.

Lorsque la femme arriva dans sa cuisine, elle vit que toutes les pierres que son mari avait rapportées s'étaient changées en bijoux précieux; c'était leur éclat qui brillait au dehors!

Le jour suivant, l'arracheur de broussailles porta un de ces joyaux au bazar, pour le vendre. Il en obtint beaucoup d'argent. Bref, grâce à la vente des pierres précieuses, l'arracheur de broussailles devint l'un des négociants les plus renommés. Il fréquenta le roi et devint son ami; par conséquent il oublia la promesse qu'il avait faite.

Un jour que sa fille se rendait au bain avec la fille du roi, cette dernière perdit son collier. On chercha partout, mais on ne le trouva pas. On alla chercher la fille du négociant; comme elle disait qu'elle ne savait rien au sujet du collier, on la jeta en prison.

Le négociant et ses fils qui étaient partis en voyage pour faire du commerce furent pris par des brigands. Tous leurs biens et leur fortune furent pillés.

Bref, après que le négociant fut revenu chez lui, les mains vides, il apprit l'arrestation de sa fille. Il alla à la prison pour la faire libérer, mais lui aussi fut incarcéré. Il se mit à se lamenter:

— O Dieu, qu'ai-je fait pour être ainsi emprisonné?

A cet instant, il entendit la voix d'un pigeon qui disait:

— Tu as fait le vœu que si tes trois abbassis devenaient six abbassis, tu achèterais pour un abbassi de pois chiches et de raisins secs que tu donnerais en aumône. Aussi, il y a un abbassi caché dans le gond de la porte de la prison, prends-le et accomplis ton vœu maintenant.

L'arracheur de broussailles, les pieds enchaînés de sa propre faute, alla retirer l'abbassi du gond de la porte de la prison.

Un cavalier passa par là, il lui dit:

— Viens, prends cet abbassi et achète-moi des pois chiches et des raisins secs.

Le cavalier ne prêta pas attention à ces paroles.

Le négociant le maudit en disant:

— Que tu tombes de ton cheval, que tu te casses le cou!

Il avait à peine fait quelques pas que le cavalier tomba et se cassa le cou.

Un vieillard passa devant lui et il lui dit:

— Vieil homme, où vas-tu?

Il répondit:

— J'ai un malade qui est à la mort, je vais chercher pour lui du cèdre et du camphre.

Il dit:

— Viens, prends cet abbassi et achète-moi des pois chiches et des raisins secs.

Le vieillard répondit:

— Donne, si mon malade est mort, je l'emporterai quelques instants plus tard.

L'arracheur de broussailles pria et dit :

— Va, que Dieu accorde la guérison à ton malade !

Dès qu'il lui rapporta les pois chiches et les raisins secs, il les répandit devant les pigeons pour qu'ils les mangent. Ils n'avaient pas fini de les manger que le crieur public proclama que le collier de la princesse était retrouvé !

Alors on délivra l'arracheur de broussailles et sa fille. Ils n'étaient pas arrivés à la maison que la nouvelle leur parvint que les brigands avaient été pris et que leurs biens leur étaient rendus.

Depuis cette époque, chaque personne qui a une difficulté fait un vœu pour que Dieu dénoue cette difficulté. Pour obtenir cela, elle offre, en aumône, une certaine quantité de pois chiches et de raisins secs.

Conte n° 33

CONSEIL POUR GARDER UN MARI

(Meched I, 1)

Il était un mari et sa femme qui vivaient heureux ensemble. Au bout d'un certain temps, des disputes survinrent entre eux et le résultat en fut une séparation. Mais comme la femme éprouvait une tendresse extraordinaire pour son mari, elle alla consulter un vieillard pour savoir comment elle pourrait retrouver sa vie d'autrefois.

Il lui répondit qu'atteindre ce but était chose très simple, mais qu'elle devait faire tout ce qu'il lui dirait.

Ensuite il déclara qu'elle devait lui apporter quelques poils de loup car sans cela elle ne pourrait pas réussir.

La femme s'engagea dans le chemin de la campagne pour aller recueillir des poils de loup.

Elle marcha et marcha jusqu'à ce qu'elle vît un loup qui emportait une proie dans sa gueule. La femme se cacha pour être hors d'atteinte du loup, puis elle le vit entrer dans une caverne. Comme elle connaissait le repaire du loup, elle rentra chez elle. Elle réfléchit à la façon dont elle pourrait approcher ce loup, car c'était une bête sauvage et dangereuse. Il lui sauta aux yeux que la voie à suivre était d'apprivoiser le loup en lui faisant du bien. Aussi chaque jour, elle apportait de la nourriture qu'elle déposait sur son passage. Comme le loup avait plusieurs petits et qu'il trouvait sans peine un repas préparé devant son repaire, la femme osa petit à petit se montrer à lui. Lorsqu'il comprit que c'était cette femme qui le nourrissait, il fut gentil avec elle. Ainsi, elle put se tenir près de lui et avec la main lui arracher quelques poils du dos.

Ensuite, en hâte, elle se rendit avec grande joie auprès du vieillard. Lorsqu'il la vit, il lui demanda de lui expliquer de quelle manière elle était parvenue à prendre ces poils. Elle lui répondit qu'elle avait témoigné au loup tellement de bonté et de gentillesse qu'elle put l'approcher et lui arracher ces poils du dos.

Alors, le vieillard lui déclara qu'un être humain n'était pas inférieur à un animal et qu'il convenait avec un homme de se conduire de la même manière.

La femme comprit les paroles du vieillard et grâce à ses conseils, elle put retrouver son chaleureux foyer familial de jadis.

Conte n° 34

TANTE CORNEILLE ET ONCLE CHIEN

(Meched IV, 101)

Il était quelqu'un, il n'était personne, à part Dieu, il n'y avait pas de consolateur.

Il y avait une Tante Corneille qui avait fait un nid, seule et solitaire, au sommet d'un peuplier du Turkestan; l'hiver et l'été, elle vivait sur cet arbre. Au pied de celui-ci, un chien avait construit avec des branches et des pierres, une tanière propre, fraîche et jolie; les nuits où il pleuvait et neigeait et où il faisait froid, il y dormait.

Tous les matins, Oncle Chien était réveillé par les croassements de la corneille et il partait à la chasse. Par hasard. un jour il fut malade et ne put sortir de chez lui. Tante Corneille, au moment où elle voulait sortir du nid et s'envoler, comprit que le chien n'était pas sorti; elle battit de l'aile, descendit, frappa à la porte et entra chez le chien; elle vit qu'il était malade et couché; elle lui dit :

— Tu ne peux pas sortir de ta maison; ce midi, je te préparerai un repas et je te l'apporterai.

Tante Corneille partit pour aller chercher de la nourriture. Lorsque midi arriva, elle fit de la soupe dans quelques coquilles de noix et les lui porta. Pendant trois ou quatre jours, elle prit soin de lui jusqu'à ce qu'il fût guéri et put sortir de sa tanière. Un jour, il la regarda et lui demanda si elle avait été mariée. Tante Corneille répondit que son mari était mort et qu'elle n'avait personne dans la vie. Oncle Chien comprit que s'il l'épousait, il aurait une bonne compagne jusqu'à la fin de sa vie. Il lui proposa le mariage et la corneille accepta; à partir du jour suivant, elle n'alla plus dans sa maison au sommet du haut peuplier du Turkestan, mais elle entra dans la tanière d'Oncle Chien; tous deux vécurent ensemble jusqu'au jour où un lapin tomba inanimé dans la neige à cause du froid. Tante Corneille et Oncle Chien le portèrent dans leur tanière, le réchauffèrent et comme ils n'avaient pas d'enfant, ils se dirent qu'il faudrait prendre soin de lui. Ils l'adoptèrent comme leur enfant. Le petit lapin resta dans la tanière ; il nettoyait la maison pendant que Tante Corneille et Oncle Chien allaient dans la montagne et le désert pour chercher la nourriture. Les jours où Oncle Chien voulait sortir de chez lui, il disait au petit lapin :

— Ne sors pas une seule fois de la tanière, car tu serais pris par le loup.

Mais le lapin n'était pas obéissant ; lorsqu'ils étaient dehors, il sortait et allait de-ci, de-là ; un jour, il tomba dans les griffes d'un loup.

A midi, lorsque Oncle Chien et Tante Corneille revinrent à la maison, ils virent que leur enfant n'était plus là. En voyant le sang répandu au pied des arbres, ils comprirent que le loup l'avait mangé. Ce jour-là, de chagrin pour le lapin désobéissant, ils ne purent manger et jusqu'au soir, ils furent tristes.

Après cet événement, quelques jours passèrent jusqu'au soir où ils entendirent les cris d'un petit chat. Vite, ils sortirent de leur tanière et virent dans l'obscurité un animal qui avait attaqué un chaton. Le chien attaqua d'un côté et la corneille donna aussi un coup de bec à cet animal afin de sauver le petit chat. Alors ils le portèrent chez eux et le couchèrent. Au matin, ils préparèrent le petit déjeuner et mangèrent. Tante Corneille et Oncle Chien se mirent en route pour aller chercher leur repas de midi. Au moment où il allait sortir de sa tanière, Oncle Chien dit au chaton de faire très attention, de ne pas sortir de la maison, car dans cet endroit très boisé, au milieu de la montagne, il y avait toutes sortes de bêtes féroces qui dévoraient les petits chats. Mais quelques heures après le départ du chien et de la corneille, le petit chat endiablé se dit :

— Je vais aller voir dans quel genre d'endroit je suis et me promener un peu.

Doucement, il ouvrit la porte et sortit. Lentement, il s'éloigna de la maison ; bien qu'il fût loin, il ne s'en contenta pas ; il avait complètement oublié le conseil. Tout à coup, une bête noire avec de longues dents passa la tête au-dessus d'une roche et lorsqu'elle vit le chaton, elle courut vers lui. Le petit chat se mit à fuir, mais il n'avait fait que quelques pas qu'il tomba dans les griffes de l'animal et fut tué.

Au moment où Tante Corneille et Oncle Chien revinrent chez eux, ils virent que le chaton n'était plus là. Ils comprirent qu'il n'avait pas écouté leurs paroles et qu'il avait été la proie des bêtes féroces. Ils furent tristes ; ils déjeunèrent et puis se couchèrent.

Quelques jours passèrent, jusqu'au jour où, quand ils rentraient à la maison vers la soirée, ils entendirent la voix d'un coq qui criait. Lorsqu'ils se dirigèrent du côté du bruit, ils virent un chacal qui avait pris dans ses dents un coq et se mettait à courir. Immédiatement, Oncle Chien courut derrière le chacal et Tante Corneille vola; elle se posa sur sa tête et commença à lui donner des coups de bec dans les yeux; le chacal vit qu'il n'avait pas d'autre solution pour sauver sa vie; il lâcha le coq et s'enfuit.

Le coq remercia Oncle Chien et Tante Corneille. Ceux-ci lui proposèrent, s'il le désirait, de vivre avec eux. Le coq accepta et se mit en route avec eux. Ils lui indiquèrent une place pour dormir et convinrent qu'ils le garderaient chez eux à condition qu'il écoutât leurs paroles, puis ils lui racontèrent leurs chagrins avec le lapin et le petit chat. Tante Corneille dit :

— Au bout d'un certain temps, nous nous habituons à chacun des invités que nous amenons à la maison, alors s'il se fait tuer; en plus du chagrin provoqué par sa mort, nous restons tristes pendant quelque temps, car nous ne désirons pas que nos invités soient tués.

Le coq accepta et promit qu'il ne désobéirait pas. Depuis lors, à l'aube, le coq chantait régulièrement et il réveillait Tante Corneille et Oncle Chien pour qu'ils prennent leur petit déjeuner et aillent travailler. Lorsqu'ils sortaient de la maison, Seigneur Coq la nettoyait et ne sortait jamais.

Les jours et les années passèrent, tous trois vécurent ensemble et jamais un danger ne menaça Seigneur Coq qui était obéissant. Tante Corneille et Oncle Chien ne lui reprochèrent jamais qu'il troublât la tranquillité de leur vie, car il était toujours respectueux.

GLOSSAIRE

Abbâssi	=	Ancienne pièce de monnaie qui vaut quatre shahis ou vingt dinars selon le nouveau système monétaire.
Ach	=	Sorte de soupe assez épaisse.
Ach-é rechtè	=	Sorte de potage très apprécié en Iran; se prépare avec des vermicelles, des légumes verts, des haricots secs, des lentilles, des pois chiches, du kachk. Selon la tradition populaire, le vermicelle lierait et retiendrait un absent; ce potage se mange donc dans le but de le faire revenir.
Adjil	=	Fruits secs tels que noix, noisettes, pois chiches, raisins secs, pistaches, pépins de pastèques et de melons, mûres sèches.
Adjil-é mochkel-gochâ	=	Fruits secs qui dénouent les difficultés. En cas de difficultés, on fait le vœu d'offrir en aumône des âdjils.
Ali-vali-allâhi	=	Secte religieuse chiite qui considère l'Imam Ali comme l'ami de Dieu et même comme Dieu lui-même.
Bârzangui		Esclave noire; sens élargi : sorcière.
Cheikh	=	1) Chef de tribu 2) Prêtre
Chir-afkan	=	1) Tueur de lion. 2) Surnom de héros.
Div	=	Démon malfaisant, être surnaturel.
Djanâgh	=	1) Bréchet de poulet. 2) Jeu de société qui consiste à partager un bréchet de poulet en faisant le pari que celui qui oubliera de dire : «Je me souviens», en acceptant un objet que l'adversaire lui donnera, perdra le pari.
Djenn	=	Génie, farfadet, djinn.
Dinâr	=	1) Ancienne monnaie d'or. 2) Monnaie qui vaut le cinquantième du châhi ou le millième du «kran» avant l'année 1311, mais réévalué en cette même année à la valeur du centième du «kran» de telle sorte que cinq «dinâr» valent l'ancien «châhi». L'ancien «kran» a été changé en «riâl».
Derham, dirhem	=	Drachme.
Echkenè ghormè	=	Préparation à base d'œufs, d'oignons et de noix.
Farsakh	=	Parasange. En persan moderne, «farsakh» ou «farsang». Distance parcourue en une heure par un mulet chargé et variable selon les endroits : en moyenne, un peu moins de six kilomètres.
Fâtehè (sourè)	=	Première sourate du Coran dite à l'occasion des enterrements pour demander à Dieu le pardon des péchés du défunt.
Elâhi	=	Divin, de Dieu.

Efrit	=	Sorte de djinn, esprit.
Esfahâni	=	1) D'Ispahan.
		2) Habitant d'Ispahan.
Ghâf	=	Montagne légendaire en topaze verte d'une hauteur de cinq cents lieues qui fait le tour de la terre; il faut deux mille ans pour la parcourir à pied. Le reflet du soleil sur cette montagne colore le ciel. C'est là qu'habite le «Simorgh» (oiseau légendaire). D'après certains, on identifie cette montagne avec le mont Alborz.
Gheblè	=	Direction de La Mecque.
Gheimè	=	Sorte de ragoût avec des lentilles et de la viande.
Ghorout	=	Denrée alimentaire appelée «kachk» à Téhéran. Petit pain de mâst (lait caillé) séché en forme de toupie. On frotte le ghorout avec de l'eau et on utilise le jus ainsi obtenu pour assaisonner certains mets comme par exemple, «âch-é rechtè», «kachk-é bâdendjoun», «ech-kénè».
Gormâst	=	Mot populaire du Khorâssân pour désigner du mâst (lait caillé) mélangé à du lait frais.
Hâdji	=	1) Titre donné au musulman qui a accompli le pèlerinage à La Mecque.
		2) Prénom.
Halim	=	Sorte de soupe préparée à base de froment pilé.
Halim-rowghan	=	Soupe de «halim» à laquelle on ajoute du beurre fondu de mouton.
Halvâ	=	Aliment composé de farine, de sucre et de beurre fondu servi spécialement à l'occasion des cérémonies de deuil.
Halvâ ardè	=	Aliment solide et sucré préparé à base d'huile de millet.
Harirè	=	Aliment composé de farine et de lait utilisé spécialement pour soigner les refroidissements.
Kachk	=	v. Ghorout.
Kachkoul	=	Sorte d'aumônière formée par la moitié d'une noix de Seychelles que le derviche porte au bras, suspendue par une chaîne. Il y met des dragées (noghl), des brins d'herbes potagères ou du sucre qu'il offre au passant en remerciement matériel de son aumône; il y ajoute une prière en remerciement spirituel.
Kapanak	=	Sorte de manteau de berger.
Khezr (Khâdjè)	=	Le prophète Élie dont l'âme s'incarne en d'autres formes. On dit que Khezr a découvert l'eau de l'immortalité. Il guide souvent les mortels.
Khoms	=	Le quint.
Khorâssâni	=	1) Du Khorâssân.
		2) Habitant du Khorâssân.
Khorecht	=	Ragoût.
Kouzè	=	Sorte de jarre ou pot en terre cuite.
Louti	=	Personnage généreux et connu qui rend service aux habitants de son quartier que l'on pourrait comparer au chevalier de l'Europe médiévale.

Machadi (Mechedi)	=	1) De Meched.
		2) Habitant de Meched.
Mann	=	Mesure de poids valant trois kilos.
Mesghâl	=	Mesure de poids valant environ quatre grammes et demi soit la seizième partie du «sir».
Mollâ Bâdji	=	Institutrice de l'école coranique.
Namadi	=	De feutre.
Nâmahram	=	Désigne un homme devant lequel une femme musulmane ne peut pas se dévoiler, par opposition avec celui qui est «mahram» c'est-à-dire un homme de la famille, avec lequel elle ne peut pas se marier.
Nâzi	=	1) Mignonne.
		2) Prénom de fille.
Parasange (une)	=	v. Farsakh.
Pari (peri)	=	Fée.
Pir Bârzangui	=	Vieux nègre. Sens élargi : ogre.
Pilau	=	v. Polow.
Polow	=	Plat de riz.
Rammâl	=	Devin.
Raml	=	1) Divination par les dés. Voir MASSE H. : Croyances et Coutumes Persanes, vol. II, p. 247.
		2) Le rammâl ou géomancien s'occupe surtout de découvrir des objets volés ou perdus. Il travaille au moyen d'un raml c'est-à-dire «un sable préparé sur lequel on marque plusieurs points qui servent à une espèce de divination. Ces points disposés en un certain nombre sur plusieurs lignes inégales se décrivent aussi avec la plume sur du papier». (D'HERBELOT – Bibl. orientale – art. Raml, cité par CHRISTENSEN : Contes Persans en Langue Populaire, note p. 123).
Riâl	=	Unité de monnaie, environ 0,06 F.F.
Rowzè	=	Cérémonie religieuse au cours de laquelle le prêtre conte les martyrs des Imams chiites.
Sahm	=	1) La part.
		2) La part de l'impôt religieux qui revient à l'Imam.
Sir	=	Mesure de poids valant soixante-quinze grammes.
Tabarzin	=	Sorte de hache, emblème des derviches.
Tchâdor	=	Long voile dont s'enveloppent les femmes.
Tchâdor namâz	=	Voile réservé à la prière.
Tomân	=	Un tomân vaut dix riâls.
Toutiâ	=	Antimoine, oxyde de cuivre, sulfate de zinc, vitriol.
Toutiâ-yé dariâï	=	Toutiâ de la mer.
Vakil	=	Délégué, intendant.
Vazir	=	Vizir, ministre.
Yâ Allâh	=	O Dieu, avec l'aide de Dieu.
Zekât	=	L'aumône légale.
Zar'é	=	Mesure valant 1,04 mètre.

TABLE DES MATIÈRES

Introduction VII
Bibliographie XIV
Liste des contes recueillis a Meched XVII
Types AT des contes analysés XIX
Analyses thématiques
    Contes classés 1
    Contes non classés 79
Contes traduits
    1. Le loup qui perdit sa queue 89
    2. Le renard pieux 90
    3. Le lion et la souris 92
    4. Un coq et ses camarades 92
    5. Le chauve 94
    6. Le derviche et le prince Mohammad 97
    7. La peau de la puce 99
    8. Le cavalier nonpareil et le cheval-fée 102
    9. Les courageuses jeunes filles kurdes 105
    10. Le vieil arracheur de broussailles 107
    11. Un joli petit paysan 110
    12. Le frère et la sœur 112
    13. Les trois princes et le div blanc 113
    14. L'anneau magique 115
    15. Ahmad le puiseur d'eau et la fille du marchand 118
    16. Le petit Rahim 121
    17. Yaghout 123
    18. La hache tombée dans un torrent 125
    19. Les trois sœurs 127
    20. Un mensonge parmi trois mensonges 128
    21. Les quarante jeunes filles 130
    22. Le jardin des roses rouges 134
    23. Bârzangui 136
    24. Le marchand et ses trois fils 138
    25. Les trois derviches 139
    26. Un corbeau… quarante corbeaux 141
    27. L'habitant du Khorassan et celui d'Ispahan 142
    28. Le petit Ahmad 145
    29. Les sept aveugles 149
    30. Le tueur de lion 150
    31. La ville des pierres 153

32. Adjil-é mochkel-gochâ 155
33. Conseil pour garder un mari 157
34. Tante Corneille et Oncle Chien 158
GLOSSAIRE 161
TABLE DES MATIÈRES 165